20년 차 감정평가사가 알려주는

부동산 가격의 비밀

20년 차 감정평가사가 알려주는
부동산 가격의 비밀

초판 1쇄 인쇄 2024년 2월 25일
초판 1쇄 발행 2024년 3월 10일

지은이 권자영

펴낸이 우세웅
책임편집 한홍
기획편집 김휘연
콘텐츠기획·홍보 김세경
북디자인 이유진

종이 페이퍼프라이스㈜
인쇄 (주)다온피앤피

펴낸곳 슬로디미디어그룹
신고번호 제25100-2017-000035호
신고연월일 2017년 6월 13일
주소 경기도 고양시 덕양구 청초로66, 덕은리버워크 지식산업센터 A동 15층 18호

전화 02)493-7780 | **팩스** 0303)3442-7780
전자우편 slody925@gmail.com(원고투고·사업제휴)
홈페이지 slodymedia.modoo.at | **블로그** slodymedia.xyz
페이스북·인스타그램 slodymedia

ISBN 979-11-6785-178-9 (03320)

20년 차 감정평가사가 알려주는

부동산 가격의 비밀

한 권으로 끝내는
감정평가의 모든 것

권자영 지음

슬로디미디어

추천사

일반인의 눈높이에서 감정평가의 개념과 감정평가사의 역할을 잘 소개한 글입니다. 변화하는 감정평가 시장의 흥미로운 이슈를 콕콕 짚어서 쉽게 소개하고 있습니다. 본문에서 강조한 것처럼 '국민 재산권의 수호자'라는 감정평가사의 막중한 책임을 늘 기억하길 바라며, 감정평가산업의 미래를 이끌어갈 패기 있는 젊은 감정평가사를 응원합니다.

한국감정평가사협회 17대, 18대 회장/감정평가사 양길수

급변하는 부동산 시장에서 감정평가사는 새로운 지식을 계속 습득하지 않으면 많은 오류를 범하고 맙니다. 昇暉(승휘) 권자영 평가사는 부동산과 관련된 모든 정보를 허투루 보지 않는 전문가적 기질을 갖고 있습니다. 부동산 관련 도서 중에 가장 소장 가치가 있는 책이 아닌가 싶습니다.

영동농업협동조합 기획상무 박윤석

건축사는 토지의 가치를 극대화할 수 있도록 설계하면서 종종 감정평가사와 협업하곤 한다. 어떤 분야든 전문가들은 많지만, 이 책의 저자는 탁월한 전문성과 합리적인 사고의 유연성을 갖춘 데다 공감 능력까지 뛰어나다. 20년 이상 열정적으로 수행한 감정평가 실무가 이 책에 고스란히 담겨 있어서 부동산 관련 업무를 하는 사람에게는 큰 도움을 줄 것이라 확신한다. 인생의 중요한 가치를 발견하고 지혜로운 사람으로 살기로 마음먹은 권자영 평가사를 항상 응원한다.

코아건축사사무소㈜ 대표/건축사 김향숙

1999년, 대구원화여자고등학교 3학년 15반 반장으로서 권자영이 진취적이고 열정적인 리더십을 발휘해 최고의 학급을 이끌던 모습이 눈에 선하다. 그런데 한 분야의 전문가로서 책을 낸다니 매우 기쁘다. 이 책을 내기까지 얼마나 열심히 살았는지 잘 알기에 저자의 시간이 고스란히 축적된 이 책이 많은 이들에게 도움이 되길 바란다.

대구원화여자고등학교 제6대 교장 권일천

개발 목적물의 개략적인 가치를 문의하면, 저자는 가장 빨리 회신을 주는 분입니다. 이 책을 통해 저자만의 평가 방법론을 엿볼 기회가 되었고, 어떻게 하면 신속하게 회신할 수 있는지 짐작할 수 있었습니다. 감정평가에 대한 유용하고도 알찬 실무 팁이 가득한 이 책이 널리 읽히기를 진심으로 기원합니다. 그리고 다른 서적에서는 접할 수 없는 '가치 있는 세상을 만드는 직업, 감정평가사' 편은 감정평가사를 희망하는 딸아이에게도 매우 실질적인 도움이 되었습니다. 이 자리를 빌려 감사드립니다.

CEO's Digest Editor, ㈜내외주건 대표 최병엽

이 책은 20년간 감정평가사로 근무한 저자의 경험과 지식을 토대로, 감정평가사라는 직업의 가치와 업무 내용, 부동산 감정평가 과정과 원리, 유형별 평가 요인 등에 이르기까지 방대한 내용을 일반인들이 이해하기 쉽게 설명한 안내서다. 또한 전문 직업인으로서 저자의 가치관과 철학이 잘 드러난 저서이기도 하다. 이 직업에 관심 있는 분들께 필독서로 권하고 싶다.

DKU 단국대학교 도시계획부동산학부 명예교수 고석찬

저자는 부동산 시장에서 고객에게 올바르고 정확한 정보를 전달하고 열심히 일 잘하는 감정평가사로 정평이 나 있습니다. 감정평가에 입문하거나 부동산 시장에서 근무하는 모든 분에게 많은 도움을 주는 책입니다.

한국투자리얼에셋운용(주) 대표이사 김용식

저자가 책을 쓰기 시작한 이유는 분명했다. 부동산 가치에 대한 이해가 필요한 사람들에게 어렵지 않게 정보를 제공하는 유익한 책을 내고 싶었던 것이다. 단순히 독자의 흥미를 끌어내는 식으로 접근하지 않고, 이해하기 쉬우면서도 기본에 충실한 이 책이 세상에 나온 이유다. 저자는 20년간 감정평가사라는 전문 영역에서 성장하면서 가장 중요한 자산이 된 지식과 실무 노하우를 저자 특유의 편안하면서도 섬세한 필력으로 담아냈다. 삶을 대하는 꾸준한 열정만큼이나 이유 있는 도전에 무한한 응원을 보내며, 진심을 다하는 감정평가사이자 멋진 동생인 저자의 소중한 자산과 정성이 담긴 이 책을 추천한다.

허브자산운용(주) 대표 차원주

이 책은 감정평가사를 준비하거나 그 직업에 관심을 가지는 사람만을 위한 책이 아니며, 우리의 생활 곳곳을 둘러싼 부동산을 한 단계 더 깊이 돌아보게 하는 책입니다. 저자가 가지고 있는 풍부한 지식과 정보를 한 단계 높은 안목을 통해 재구조화한 책으로, 부동산에 관심이 있는 모든 이가 읽어야 할 필독서입니다. 20여 년간 부동산 개발금융을 담당했던 본인도 저자의 눈으로 또 다르게 부동산을 보게 되었습니다.

부국증권(주) IB사업본부 구조화금융부/상무 강승훈

자신의 발전을 위해 무한히 노력하는 전문가의 조언은 언제나 유용합니다. 많은 분들이 이 책을 통해 원하는 것들을 얻어 갈 수 있을 것이라 기대합니다. 항상 도전을 아끼지 않는 저자에게 무한한 응원을 보냅니다.

한국여성감정평가사회 9대 회장/감정평가사 이임술

저자는 멋진 여성을 넘어 멋진 사람이라는 칭호를 얻기에 충분한 사람이다. 감정평가사라는 업만 해도 충분하지만, 삶을 살아가는 주체로서도 이 책의 저자는 너무나도 멋지게 자신을 삶을 만들어가고 있기 때문이다. 이 멋진 사람을 세상에 좀 더 알리고 싶은 욕심에 책 쓰기를 권했고, 책 집필조차 몇 달 안에 멋지게 해냈다.
나의 자질로 인해 직업을 선택하게 되었는지, 직업이 지금의 나를 있게 한 것인지 모를 때가 있다. 아마 저자도 자질과 감정평가사라는 업을 떼어서 생각할 수 없을 정도로 감정평가 업무에서 탁월한 업무 성과를 내고 있고, 업무 자체를 사랑하고 있다. 그래서 앞으로의 행보가 기대된다. 대한민국을 넘어 아시아를 대표하는 감정평가사가 되고 싶다는 그녀의 포부가 마법처럼 이뤄질 순간이 오기를 희망하며 이 책을 추천드린다.

《부자근육을 키워라》 저자 백승혜

대한민국 사람치고 부동산에 관심이 없는 사람이 없을 것이다. 그러나 가격에는 관심이 있지만, 정작 부동산의 가치가 어떻게 구성되는지에 대해서는 관심이 크지 않다. 이 책에는 부동산의 가치가 어떻게 구성되고 어떤 방식으로 매겨지는지 알 수 있는 판도라의 상자가 있다. 여러분을 새로운 세계로 안내해줄 황금의 열쇠를 잡기 바란다.

서울시립대학교 도시과학대학 도시공학과 교수 양승우

❶《감정평가사가 알려주는 부동산 가격의 비밀》을 쓰기로 결심한 이유는 무엇인가요?

사이토 다카시의 『독서는 절대 나를 배신하지 않는다』에서는 독서를 통해 시대나 사회제도가 바뀌어도 변하지 않는 보편적 가치가 있다는 사실을 깨달으면 시시각각 변화하는 욕망과 온갖 정보에 휘둘리지 않고 정신적 안정을 찾을 수 있다고 했습니다.

서점가에 부동산과 관련된 책이 수없이 많지만, 부동산업계의 꽃인 감정평가와 관련된 책은 이론서나 수험서에 치중된 것이 현실입니다. 감정평가사로서 20여 년간 일하면서 겪었던 많은 경험과 느낌을 녹여 부동산 가격의 비밀을 기술했습니다. 수험생뿐만 아니라 일반인도 쉽게 이해할 수 있도록 구성하여 이 책이 '부동산 감정평가 길라잡이'가 되었으면 합니다.

부동산 가격이 어떻게 형성되고 그 원리는 무엇인지에 관한 관심은 상대적으로 부족해서 '묻지마 투자'가 이뤄지고 부동산 사기로 거액의 피해를 보는 사람들이 많습니다. 이 책을 통해 부동산 가격의 형성 원리를 파악하여 독자가 스스로 소중한 재산을 지킬 수 있는 안목을 기르시길 바랍니다.

❷ 20년 동안 감정평가업에 종사하셨는데, 감정평가사로 일하는 게 어렵지는 않으신지요?

현재 ㈜중앙감정평가법인 본사에서 감정평가사로 근무하고 있습니다. 이 자리까지 오기위해 20년 동안 적지 않은 애로를 겪었습니다. 매 순간 주어진 감정평가사 업무를 해내기 위해 고군분투했던 모습을 떠올리니 울컥하기도 하고 아찔하기도 하네요. 단순히 현장을 돌아보고 보고서를 쓰는 것만이 감정평가사의 업무가 아니거든요.

감정평가사의 일은 크게 3가지로 나눌 수 있습니다. 첫 번째 일은 감정평가서를 잘 쓰는 것이고, 두 번째는 능력과 인맥을 활용하여 감정평가 업무를 잘 유치하는 것이며, 세 번째는 회사 생활의 핵심이라고 할 수 있는 조직을 잘 관리하는 것입니다. 각 업무별로 많은 문제가 있었고, 이를 개선하는 해결책도 각양각색이었습니다.

급한 평가 일정을 맞추기 위해 몇 날 며칠이고 밤샘 작업을 하면서 보고서를 작성하고, 감정평가 업무를 수주하려 본격적으로 영업을 시작했을 때는 수백 군데 은행 지점을 무작정 방문하여 명함을 건넸으며, 틈틈이 부동산 관련 교육을 수강하고 대학원에도 진학하여 인맥을 만들었습니다.

그렇게 다양한 경험을 통해 배우고 익히면서, 지금은 감정평가사의 일이 마냥 어렵지는 않습니다. 오히려 어떤 감정평가 업무든 충분히 도전해볼 만하다고 느낍니다. 저는 매년 성장하고 변화하고 있으며, 올해는 위기가 아닌 기회의 해라 보기 때문입니다.

③ 요즘 감정평가사에 대해 부정적인 시선도 있는데, 일반인이 가진 감정평가사에 대한 오해는 무엇이 있을까요?

최근에는 감정평가사가 고의로 고가 감정을 해서 임차인들이 피해를 보는 등 부실 평가 문제가 발생하다 보니, 일반인들이 감정평가사를 오해하는 것 같습니다. 또한 평가기관별로 감정평가 금액이 너무 차이가 나서 감정평가 금액에 대한 신뢰도에 대해 의문스럽게 생각하시는 것 같습니다.

하지만 감정평가사는 국내 유일의 공인된 가치평가가 가능한 전문가로, 묵묵히 사명감을 가지고 열심히 일하는 감정평가사가 더 많습니다. 다만 감정평가와 연관되어 피해를 입으신 분들께는 동종 감정평가사로서 고개 숙여 사과드립니다.

현재 국토교통부에서는 고의적인 부실 평가를 단절하기 위해 전세 사기에 가담한 감정평가사에게 업무정지 등의 강력한

징계 처분을 내렸으며, 한국감정평가사협회에서도 전세 보증과 관련한 감정평가 제도 개선, 전세 사기의 사전 예방, 전세 세입자 보호를 위한 '서민안심전세 상담센터'를 운영하고 있습니다.

감정평가사는 국가 경제의 든든한 파트너이자 국민 재산권의 수호자로서, 가치있는 세상을 만드는 것을 목표로 합니다. 인간 삶의 터전인 부동산을 다루는 만큼, 그에 따른 사명감 및 책임감을 가지고 업무에 임하고 있습니다.

❹ 4차 산업혁명이 다가오는 상황에서 감정평가사가 갖는 차별점이 있다면 무엇일까요?

AI가 발달되면 국가기관과 법률에서 공신력을 인정받는 감정평가사를 대체할 것이라고 우려하는 사람이 많습니다. 현재도 호갱노노, 밸류맵, 네이버 부동산과 같이 부동산 가격을 알려주는 간편한 어플이 많지만, 부동산 가격 정보가 많다고 해서 그 정보가 모두 정답이라고는 할 수 없습니다. 그보다는 기준시점에서 가장 정확한 가격이 무엇인지, 그 가격에 책임을 질 수 있는지가 더욱 중요합니다.

AI 기술은 과거의 데이터가 축적되어야 미래의 예측이 가능합니다. 가격이 정형화된 아파트, 다세대주택, 오피스텔과 같이 거래의 빈도수가 높고 실거래 자료를 수집하기 쉬운 부동산이라면 AI 평가가 가능하겠지요. 하지만 오피스, 물류창고, 데이터센터, 골프장과 같이 정보의 비대칭성이 크고 주택에 비해 상대적으로 거래 빈도수가 낮으며 가격 변수가 복잡하고 다양한 부동산이라면 AI가 관련된 데이터를 축적하기가 현실적으로 불가능합니다. 결국 AI 평가는 기존의 감정평가 업무를 보조하는 방법으로 발전할 것입니다.

과거에는 논밭이었지만 인근에 신도시가 생겨 도로나 대지로 용도가 변경되는 지역도 있고, 중심 상권이었던 이태원이 지금은 외면받을 수도 있듯, 부동산 시장은 외부 상황에 따라 계속 변화합니다. 따라서 과거 데이터에 의존하여 단순히 계산하는 것이 아니라, 변화에 맞는 잣대에 따라 부동산의 가격을 평가하고 그 가격에 책임을 질 수 있는 감정평가사는 반드시 필요하다고 생각됩니다.

❺ 요즘 감정평가사에 관심을 갖는 사람이 많은데, 감정평가사의 업무와 진출 방향성에 대해 한 말씀 부탁드립니다.

감정평가사의 업무는 매우 다양합니다. 감정평가법인뿐만 아니라 개인 사무소, 은행, 한국부동산원, 증권회사, 자산운용회사, 시행법인, 중개법인 및 회계법인, 기업체 등 부동산 관련 실무 지식이 필요한 곳이라면 어디에서든 근무할 수 있어요.

감정평가사들이 제일 많이 근무하는 곳은 감정평가법인으로, 합격자 중 대부분은 법인에서 수습을 받고 감정평가 업무를 수행합니다. 담보평가 업무, 공시지가 업무, 컨설팅 업무, 정비사업 업무, 자산재평가 업무 등이 주를 이룹니다.

법인에서 수습을 마친 후 개인 사무소를 열 수도 있습니다. 전문성을 극대화하기 위해 추가로 행정사 자격을 취득하여 보상 전문 감정평가사로 활동하기도 합니다.

또한 법인에서 3~4년간 평가 실무 경험을 쌓은 뒤 시중은행 심사역으로 취업하기도 합니다. 시중은행에서도 감정평가사를 심사역으로 두면 은행 담보 심사의 질을 높이고, 평가법인 등급을 관리하기도 좋기 때문입니다.

마지막으로 공공기관인 한국부동산원과 자산운용회사, 증권회사, 시행법인 등 부동산 관련 회사에서도 일을 할 수 있는데, 부동산 관련 업무 분야에서도 실무 경험을 갖춘 감정평가사를 가장 선호합니다.

❻ 미래를 설계하는 청소년과 감정평가사를 준비하는 분들에게 실질적인 도움의 말씀 부탁드립니다.

감정평가사 시험은 매년 국토교통부 장관이 한국산업인력공단에 시험을 위탁하여 실시하며, 1차 객관식 시험과 2차 주관식 시험으로 나뉩니다. 공인 영어시험 성적이 중요한데, 토익(TOEIC)과 지텔프(G-TELP)를 많이 준비합니다. 저는 절대평가인 지텔프를 추천합니다.

감정평가사 1차 시험은 '하우패스'를 추천합니다. 감정평가 관련 법규 일타 강사들이 하우패스에 속해 있기 때문입니다. 다만 부동산학원론의 일타강사는 박문각에 속해 있으나, 상대적으로 과목의 난이도가 낮습니다. 그러므로 강사별 샘플 강의를 들어본 후 자신에게 맞는 강사를 선택하면 됩니다.

감정평가사 2차 시험은 박문각(서울법학원)을 추천합니다. 감정평가 실무 일타 강사가 박문각에 속해 있기 때문입니다. 매주 토요일 다른 학원에 비해 압도적으로 참여 인원이 많은 GS스터디(모의고사)를 통해 자신의 상대적 위치를 점검할 수 있습니다. 프라임에도 훌륭한 2차 시험 강사진이 있습니다.

특정 학원을 올패스(All pass)로 수강하기보다는 과목별로 마음에 드는 강사를 골라 듣는 것이 가장 좋다고 생각합니다. 유명한 강사의 강의 노트보다는 한 자 한 자 정성껏 작성한 본인의 시험 답안지에 의해 합격이 결정되기 때문입니다.

⑦ 감정평가사로서 앞으로의 계획이 있다면 듣고 싶습니다.

제16회 감정평가사 시험 합격자 발표가 났던 2005년 12월은 저에게 전반부 인생의 터닝포인트였습니다. 그리고 이 책을 출간하는 지금은 후반부 인생의 터닝포인트입니다.

앞으로의 계획은 명확합니다. 먼저 이 책을 통해 감정평가사 권자영을 홍보하고, 부동산 등 실물 자산을 많이 소유한 중소기업 및 대기업과 함께 부동산 컨설팅 및 감정평가 업무를 하는 것입니다. 강한 열정을 가지고 맡은 일을 열심히 하는 감정평가사임을 알려, 부동산 감정평가가 필요한 고객들과 전략적 업무 파트너가 되려고 합니다.

두 번째는 부동산 관련 업무 중에서 감정평가 업무의 중요성을 이 세상에 알리고, 부동산의 가장 기초적인 지식인 감정평가 이론 및 실무를 쉽고 간단명료하게 설명하여 감정평가 가이드(Value-Guide)가 되고 싶습니다.

세 번째로는 과거 부동산 투자 실패로 인한 뼈아픈 경험을 교훈삼아 새로운 시각과 마음가짐으로 부동산을 대하여 앞으로 퀀텀 점프할 수 있게 매일매일 노력할 계획입니다.

마지막으로 현재 부동산 감정평가업계에서 자타공인 왕성하게 활동하는 감정평가사의 1인으로서, 공정하고 책임감 있는 감정평가를 통해 어려운 부동산 시장에서도 선한 영향력을 전달하는 사람이 되고 싶습니다.

서문

한때 『시크릿』이 베스트셀러였다. 부와 성공에 관한 책으로, 한마디로 "당신이 하는 모든 생각은 실체이며 끌어당기는 힘이다"라는 내용이다.

왜 내가 투자한 땅은 가격이 오르지 않는데, 내 친구가 투자한 땅은 가격이 오르는 걸까? 내가 투자한 상가는 공실인데, 내 지인이 투자한 상가는 월세가 따박따박 잘 나오는 걸까? 부동산도 사람처럼 사주가 있는 걸까? 부동산을 공부하기 전에 먼저 풍수지리부터 배워야 하나?

20년간 부동산 시장을 경험한 감정평가사로서 부동산 가격에 대한 비밀 이야기를 해보려고 한다. 부동산은 사람처럼 개별성을 가지고 있고, 부동산마다 가격을 형성하는 고유한 요인이 있다. 부동산 가격을 결정하는 구체적인 요인을 알아서 활용할 수 있다면 세상에서 단 하나뿐인 나만의 부동산 비밀 노트를 만들 수 있다.

현재 부동산을 가지고 있지 않아도 괜찮다. 목표로 하는 부동산을 가졌다고 생각하고, 그 부동산에 관한 비밀 노트를 만들면 된다. 그게 바로 끌어당김의 힘이다.

과거에도 지금도 부동산 시장은 혼탁하다. 세상이 혼탁해

질수록 가장 필요한 것은 부동산에 대한 올바른 안목과 기본기이다. 역사가 증명하듯 아무리 어려운 부동산 시장에서도 언제나 최고의 수익률을 내는 부동산 상품은 있었다. 올해에는 어떤 부동산이 최고의 히트상품이 될지 알 수 없지만, 반드시 히트할 부동산이 있다는 사실만은 100% 확실하다.

"2024년 12월, 저자 권자영은 경기도 용인시, 광주시, 성남시 중 자연녹지지역 완경사 토지 200평을 계약했다."

그날은 오지도 않았는데, 나의 목표는 과거형으로 마침표를 찍었다. 이것이 『시크릿』에서 말하는 '끌어당김의 법칙'이다. 내가 생각하는 것은 실체이며 끌어당김의 힘이다. 이렇게 매일 확언하고 생각하고 끌어당기면, 결국 그것이 실체가 된다.

누구나 성공하고 싶어 하고 퀀텀 점프를 꿈꾼다. 하지만 누구나 이룰 수는 없다. 하지만 혼탁한 시장에서는 우선순위를 정한 후 실천한다면 가능하다. 나 역시 20대에 대구에서 혈혈단신으로 서울에 와서 2년 만에 감정평가사 시험에 합격했다. 그리고 현재 한국여성감정평가사회 9대 부회장을 역임하면서 다양한 분야에서 항상 노력하고 변화하고 발전하며 감정평가사로 활동하고 있다. 저자인 나와 독자인 당신은 이미 성공했다. 성공을 위해 저자인 나는 글을 쓰고 독자인 당신은 글을 읽기 때문이다. 앞으로의 독자와 나의 퀀텀 점프를 미리 축하한다.

권자영

차례

3장

전격 공개, 부동산 유형별 가격 비밀

4장

좋아요 구독 감정평가 상식

1장

가치 있는 세상을 만드는 직업, 감정평가사

1

국내 유일의 가치평가 전문가

세상 모든 자산의 가치를 잘 아는 사람이 감정평가사다. 감정평가사란 타인의 의뢰에 의해 일정한 보수를 받고 유형자산 및 무형자산 등의 경제적 가치를 판정하여 그 결과를 가액으로 표시하는 것을 업으로 삼는 사람으로, 「감정평가 및 감정평가사에 관한 법률」(이하 감정평가사법)에 근거하는 국가 전문 자격자를 말한다. 토지 등 부동산에 대해 국내에서 유일하게 공인된 가치평가를 할 수 있는 전문가로, 인공지능도 수행하기 어려운 가치판단 분야에서 공정하게 업무를 수행하여 가치 있는 세상을 만드는 데 일조한다.

감정평가사는 단순히 유형재산 및 무형재산의 가격을 평

가하는 것뿐 아니라, 서로 다른 이해관계를 지닌 사람들 사이에서 공정하고 중립적인 감정평가를 통해 문제 해결의 실마리를 제공하기도 한다. 이는 부동산 가격을 결정할 때 판사가 중재하거나 판결하는 행위에 견줄 수 있다. 필자는 이것이 감정평가사의 존재 이유이자, 감정평가사가 갖추어야 할 핵심적인 자질 중 하나라고 생각한다.

부동산의 감정평가를 의뢰하는 이유는 무엇일까? 감정평가 의뢰인이 본인이 소유한 토지나 아파트 가격을 모르진 않을 것이다. 일반적으로 시장 거래 가격이 궁금하다면 네이버 부동산, 호갱노노, 밸류맵 같은 부동산 사이트를 이용하면 금방 알 수 있다. 더 쉽게는 부동산 소재지에 가까운 부동산 중개업소에 전화하면 대략적인 시세를 알려줄 것이다.

그런데도 토지 등의 감정평가를 의뢰하는 이유는 인터넷 검색 및 어플을 통해 누구나 쉽게 알 수 있는 가격이나, 공인된 자격을 지니지 않은 사람들이 말하거나 아무도 책임지지 않는 가격을 알고 싶어서가 아니다. 국가기관과 법률에서 공신력을 인정한 감정평가사가 도출한 책임 있는 가격이 필요하기 때문이다. 은행에서는 감정평가사가 평가한 금액을 기반으로 담보대출을 실행하고, 법원에서는 감정평가사가 평가한 금액을 법사가(법원감정가)로 하여 경매를 진행하며, 국가나 지방자치단체에서는 감정평가사가 평가한 금액을 매각 금액으로 하여 일반재산을 매각한다.

미래에는 AI 기술이 국가기관과 법률에서 공신력을 인정한 감정평가사를 대체할 수 있을까? AI 기술은 과거 데이터를 축적해야 한다. 가격이 정형화된 아파트, 오피스텔, 연립주택, 다세대주택 등의 경우 거래의 빈도수가 높고 실거래자료 수집이 간편하므로, 축적된 데이터를 활용한 AI 평가가 가능할 것으로 보인다.

하지만 오피스, 물류창고, 데이터센터, 골프장 등과 같이 정보의 비대칭성이 큰 부동산의 경우, 주택에 비해서는 상대적으로 거래의 빈도수가 낮고, 가격의 변수가 복잡·다양하며, 계약 조건이 첨예하므로, 이 모든 데이터를 AI가 축적하기는 현실적으로 불가능하다.

결국 AI 평가는 독자적인 분야가 되기보다는 기존의 감정평가 업무를 보조하는 방식으로 발전할 수밖에 없다. 시간에 따라 변화하는 부동산의 사회적 특성, 정보의 비대칭성, 비정형적 거래 관계, 임장 활동을 통한 자료 수집의 필연성을 고려한다면 타이밍에 맞는 적정한 가격 형성 요인을 선택하여 적용하는 것은 감정평가사의 고유한 전문 영역에 속한다고 할 것이다.

구체적으로 드론, 모바일, 클라우드 기술 등과 같은 4차 산업혁명 기술은 감정평가 업무를 수행할 때 인공지능에 의한 업무 세분화, 업무 처리 속도 향상, 타 분야와의 정보 공유를 가능하게 해주므로 평가 업무의 효율과 능률을 높일 것으로 판단된다.

한편 감정평가 수수료는 단순히 자산의 경제적 가치를 판정하는 행위에 대한 대가일 뿐만 아니라 그 가격에 대한 책임을 지는 대가이기도 하다. 따라서 국가에서도 감정평가 수수료에 관해 국토교통부공고로 「감정평가법인 등의 보수에 관한 기준」(이하 보수기준)을 규정하고 있다. 이 기준에 따라 감정평가 금액이 10억 원인 부동산을 평가할 경우 기본 수수료는 1,145,000원이고, 출장비, 공부 발급비, 부가세 등은 별도다.

또한 현재 보수기준 요율표를 보면 기준요율, 하한요율, 상한요율로 나뉘는데, 하한 수수료는 기준 수수료의 80%, 상한 수수료는 기준 수수료의 120%에 해당한다. 은행의 담보 평가 업무와 같이 은행과 업무 협약을 맺고 반복적으로 평가할 때는 은행과 감정평가법인 간에 하한 수수료를 적용한다. 또한 기계 기구, 특수토지와 같이 현장 조사 및 실질 조사가 어려울 경우에는 상한 수수료를 적용할 수 있어서 조사 난이도를 고려하여 할인 또는 할증할 수 있다.

2

감정평가사는 국가의 든든한 파트너

감정평가사의 주된 업무는 유형자산과 무형자산을 가치평가하는 것이다. 그렇다면 구체적으로 감정평가사는 어떤 일을 하는지 살펴보자. 감정평가사가 하는 일은 크게 공적 분야 감정평가와 사적 분야 감정평가로 구분할 수 있다.

대표적인 공적 분야 감정평가 중 하나는 표준지공시지가를 선정·조사하고 평가하는 업무다. 국토교통부장관은 「부동산 가격공시에 관한 법률」(이하 부동산가격공시법)을 근거로 전국에 있는 개별 토지 중 대표성이 있는 표준지를 선정 및 조사하고 평가하여 매년 1월 1일 기준으로 단위면적당 가격을 공시하는데, 실제 표준지공시지가를 조사·평가하는 업무를 감정평가법인등에게 의뢰하고 있다.

한편 개별공시지가는 감정평가법인등이 산정한 표준지공시지가를 기준으로 산정된 개별 토지의 단위면적당 가격을 말한다. 표준지공시지가와 달리 개별공시지가는 공무원이 대량으로 산정하는데, 감정평가법인등은 공무원이 산정한 개별공시지가의 타당성을 검증하는 업무도 한다.

두 번째는 보상평가다. 보상평가란 「공익사업을 위한 토지 등의 취득 및 보상에 관한 법률」(이하 공익사업법) 및 각종 개별 법령에 따라 공익사업에 필요한 토지 등을 취득 또는 사용하면서 발생하는 손실에 대한 감정평가를 말한다. 주로 보상평가는 공익사업의 시행 주체인 사업시행자가 감정평가를 의뢰하는 것이 일반적이지만, 일정한 요건을 갖춘 경우에는 토지소유자가 적정한 보상금을 평가받기 위해 특정 감정평가법인을 사업시행자에게 추천할 수 있다. 이는 피수용자의 권익을 보호하기 위해 마련된 제도로 토지소유자 추천 제도라 불린다.

토지소유자가 감정평가법인을 사업시행자에게 추천하려면 공익사업법에 따라 보상 계획의 열람 기간 만료일로부터 30일 이내에 보상 대상이 되는 토지 면적의 2분의 1 이상에 해당하는 토지소유자와 토지소유자 총수의 과반수에게 동의를 받아 사업시행자에게 추천서를 제출한다. 이때 추천하려는 감정평가법인은 1명이어야 한다. 소유자 추천 감정평가사는 피수용자 입장에서는 평균 보상액을 높여주므로 이 제도를 알아두면 도움이 된다.

세 번째는 국·공유지 매각 평가 및 조성용지 분양 평가다. 국·공유지 매각 평가는 국가나 지방자치단체가 보유하고 있는 일반자산을 매각할 때 「국유재산법」 및 「공유재산 및 물품관리법」에 따른 국·공유지 매각 금액을 평가하는 업무다. 여기서 특이한 점은 국유지는 「국유재산법 시행령」 제42조에 근거하여 감정평가 금액으로 매각되지만, 공유재산은 「공유재산 및 물품관리법 시행령」 제27조에 근거하여 감정평가 금액 이상으로 매각되므로, 감정평가 후 별도의 공유재산심의를 거쳐 산정된 금액으로 매각된다.

조성용지 분양 평가란 「국토의 계획 및 이용에 관한 법률」(이하 국토계획법) 및 각종 개별법의 개발사업에 따라 조성된 주거용지, 공업용지, 학교용지 등의 분양 가격을 산정하는 업무다. 특히 주거용지의 분양 금액은 아파트 가격을 결정하는 중요한 요인이 된다.

마지막은 법원에 계류 중인 경매, 민·형사 및 행정소송 등을 위한 경매 및 소송 평가다. 채무자가 빌린 돈을 제때 상환하지 못해서 채권자가 경매를 신청하면 법원은 경매개시결정을 내린다. 법원에서 경매 감정평가를 의뢰받은 감정평가사는 담보 부동산에 대해 감정평가를 하는데, 이를 법원감정가 또는 법사가라고 부른다. 이때 금액은 경매에서 최저 매각 가격이 된다.

종합하면 감정평가사는 표준지공시지가를 선정 및 조사하고 평가하는 업무, 개별공시지가를 검증하는 업무, 보상 평가, 국·공유지 매각 평가 및 조성용지 분양 평가, 경매 평가, 민사 및 형사소송 평가 등 다양한 공적 분야에서 평가 업무를 수행하면서 국가의 든든한 파트너 역할을 한다.

3

감정평가사는 국민 재산권 수호자

감정평가 업무 중 사적 분야 평가 업무에 대해 알아보자.

대표적인 사적 분야 평가 업무는 담보 평가로, 은행, 보험회사, 신탁회사 등이 차주에게 돈을 빌려주기 위해 금융기관 등에서 의뢰하는 담보물을 감정평가하거나 기업체가 대리점을 개설 및 관리하기 위해 담보물을 평가하는 것을 말한다. 예를 들면 소유하고 있는 부동산을 담보로 대출을 받으려면 은행을 찾아가고, 은행에서는 그 부동산의 시장가치를 알기 위해 감정평가사에게 담보 평가를 의뢰한다. 은행에서는 평가사가 평가한 금액을 기준으로 주택담보대출비율(LTV)을 곱하여 최종적인 대출 금액을 결정한다. 따라서 부동산을 담보로 돈을 빌릴 때 감정평가 금액이 가장 중요하다.

두 번째는 상속세 및 증여세 절세를 위한 평가다. 부모가 가진 재산이 많거나 본인이 자녀에게 물려줄 재산이 많은 경우 절세를 목적으로 한다. 예를 들면 부모가 소유한 부동산이 많다면 증여나 상속을 받을 때 증여세 또는 상속세를 절세하기 위해 감정평가를 잘 받아야 한다. 일반적으로 상속세나 증여세를 최대한 적게 내려면 상속·증여받을 재산의 가치를 적정 범위 내에서 최대한 낮게 평가받는다. 하지만 세금을 낼 재원이 없다면 상속·증여받을 재산의 가치를 적정 수준 범위에서 최대한 높게 평가받아야 한다. 상속세를 현금 대신 감정평가한 금액만큼 부동산으로 물납할 수 있기 때문이다.

세 번째는 무형자산인 영업권 감정평가다. 영업권이란 동종의 타 업체에 비해 초과 이익을 누릴 수 있는 특권이 일정 기간 지속될 것으로 예상될 때 인정되는 일종의 무형자산을 말한다. 영업권 평가의 주체는 기업뿐만 아니라 개인사업자도 해당된다. 초과 이익을 낼 수 있는 요인으로는 영업 노하우, 브랜드 이미지, 제품의 특별 제조 비법, 우수한 경영 능력, 우수한 인력, 법률상의 보호 유무, 좋은 입지 조건 등이 있으며, 일종의 권리금 성격을 가진다.

예를 들어 개인사업자가 타 경쟁 업체에 비해 영업이 잘

되어 매출액이 상당히 많고 앞으로 더 성장할 가능성이 높다면 법인 전환을 고민할 수 있다. 개인사업자는 소득 구간에 따라 최대 50% 가까이 세금을 내므로 매출이 좋다면 절세를 위해 법인을 만드는 편이 유리하다. 이때 반드시 선행되어야 할 감정평가가 바로 기존 사업에 관한 영업권의 가치를 평가받는 것이다.

감정평가를 통해 영업권 가치를 5억 원으로 평가받으면, 세법에 따라 개인이 법인에 영업권을 양도하고 돈을 받을 수 있다. 개인의 측면에서 영업권 가치는 기타소득에 해당하여, 필요제경비 비율 60%를 인정받아 세금 부담이 40%까지 줄어든다. 또한 법인의 측면에서는 영업권은 법인 재무상태표에 무형자산 항목으로 계상되므로 영업권의 가치 5억 원은 5년 동안 매년 1억 원씩 감가상각으로 비용 처리할 수 있으므로 그만큼의 절세 혜택을 볼 수 있다. 그러므로 법인 전환을 고려하고 있는 개인사업자라면 유능한 감정평가사를 알아두는 것이 좋다.

네 번째는 법인 또는 개인 기업의 재산에 대한 자산 재평가다. 불황기에는 기업체는 비용을 들여서라도 자산을 재평가받는 것이 여러모로 유리하다. 「자산재평가법」에 근거한 자산 재평가를 쉽게 설명하면, 법인 또는 개인의 기업이 소유한 여려 가지 자산들의 장부 가격을 현실에 적합하도록 현 시세로 평가하는 것이다. 자산 재평가를 받으면 기업의 자산 가치가 높아져 기업의 재무구조가 개선되는데 이는 기업의 신용평가에 매우 긍정적으로 작용하므로 추가 대출이 가능해지거나 투자 매력을 높여준다.

다섯 번째는 대형 부동산의 매입, 운용, 매각에 관한 평가다. 물류창고, 데이터센터, 골프장, 오피스 및 쇼핑몰과 같은 대형 부동산은 개인이 쉽게 사고팔 수 없다. 부동산 자산운용사 및 부동산 투자회사가 투자자의 돈을 모집하여 부동산 펀드 또는 리츠를 만들어 대형 부동산을 매입, 운용, 매각한다. 이러한 부동산 펀드, 리츠와 같은 집합투자기구를 통해 대형 부동산을 매입, 운용 및 매각하는 경우 「자본시장과 금융투자업에 관한 법률」과 「부동산투자회사법」에 따라 감정평가를 받아야 한다.

마지막은 각종 정비사업과 관련된 평가다. 2024년 현재 분당·일산 등을 주축으로 1기 신도시들의 아파트 재건축 이슈가 한창이다. 이와 관련한 주택재건축정비사업에서도 감정평가의 중요성이 부각되고 있다. 「도시 및 주거환경정비법」(이하 도시정비법)에서 규정한 주택재건축정비사업에 관련된 감정평가는 다양하다. 조합원별 추정 분담금 산정용역 조합원별 추정

분담금 산정용역, 사업성 평가, 국·공유지 매수 평가, 매도청구 소송 평가, 미동의자 현금청산 등에 관련된 감정평가로, 가장 중요한 업무는 종전자산과 종후자산을 감정평가하여 주택재건축정비사업의 적정한 비례율을 산정하는 것이다. 이 비례율을 토대로 조합원들 각자가 분담해야 할 분담금을 산정하는 것 역시 감정평가의 업무다. 정비사업은 사업 기간이 길고 이해관계인이 많아서 이해 당사자 간의 조율 작업이 아주 중요하다.

즉, 감정평가사는 담보 평가, 상속 및 증여 시 절세를 위한 평가, 영업권 감정평가, 자산 재평가, 대형 부동산 매입 등을 위한 감정평가, 정비사업 관련 평가 등 다양한 사적 분야 평가 업무를 수행하면서 국민의 재산권을 지킨다.

4

실무 일타 강사가 알려주는 단기 합격의 비밀

부동산 업종과 관련된 3대 자격증으로 감정평가사, 공인중개사, 주택관리사가 있다. 부동산 관련 자격증 중 가장 난도가 높은 시험이 감정평가사다. 2023년 제34회 감정평가사 시험은 응시생 2,655명 중 204명이 합격하여 합격률은 8.58%이고, 응시생 중 20대가 118명으로 전체의 57%를 차지했다. 또한 204명 중 남성은 125명, 여성은 79명으로 여성 비율이 38.73%다. 해마다 감정평가사 합격생의 나이는 점점 젊어지고, 여성의 비율은 높아지고 있다. 2005년 제16회 감정평가사 시험의 합격자는 154명 중 여성은 35명(합격률 7.4%)이었는데, 필자는 합격 당시 24세의 대학생 신분으로, 그 당시 감정평가법인에서는 아주 드물었다. 지금 여성 합격률이 40%에 육박하는 걸 보면 참으로 격세지감을 느낀다.

감정평가사 시험은 매년 국토교통부장관이 한국산업인력공단에 시험을 위탁하여 실시한다. 시험은 객관식으로 구성된 1차 시험과 주관식으로 구성된 2차 시험으로 나뉜다. 응시 자격은 나이, 학력, 경력 등에 제한 없이 누구나 응시할 수 있지만, 1차 시험에 접수하려면 일정 점수 이상의 공인 영어시험 성적을 제출해야 한다. 그러므로 감정평가사 시험에 관심이 있다면 공인 영어시험을 먼저 준비하도록 한다.

대표적인 공인 영어시험으로는 토익(TOEIC)과 지텔프(G-TELP)가 있는데 토익은 상대평가인 데다 단기간에 점수를 올리기가 힘들다. 따라서 절대평가인 지텔프를 추천한다. 지텔프 시험은 문법, 청취, 독해 및 어휘의 3가지 영역을 평가하는 시험으로, 감정평가사 1차 시험 접수 기준은 레벨 2, 65점 이상이다. 문법이 어렵지 않고 문제 유형이 어느 정도 정해져 있어서 쉽게 접근할 수 있다.

감정평가사 1차 시험은 총 5과목으로, 1교시 민법(총칙·물권), 경제학 원론, 부동산학 원론, 2교시 감정평가관계법류, 회계학(중급·고급·원가관리)이다. 각 과목당 40문제, 40분씩이고, 모든 문제는 5지 택1형 객관식이다. 1차 시험은 과목별 40점

이상을 득점해 과락을 면해야 하고 전 과목 평균 60점을 넘어야 합격한다. 감정평가사 1차 합격률은 25% 정도이고 가장 난도가 높은 과목은 회계학, 경제학 원론이다.

수험생의 목표는 회계학 박사, 경제학 박사가 아니므로 효율적으로 객관식 시험을 공부하는 것이 중요하다. 개인의 능력에 따라 차이는 있지만, 1차 시험은 이론서를 기반으로 과목별 핵심 기출문제를 반복 풀이한다면 보통 1년 이내에 합격할 수 있다. 특히 회계학은 과락률이 50%가 넘기 때문에 회계학을 전공하지 않았다면 전략적으로 과락을 넘기는 것을 목표로 삼되, 상대적으로 높은 점수를 얻을 가능성이 있는 부동산학 원론, 민법, 관계 법규를 열심히 공부하는 것도 하나의 팁이다.

감정평가사 2차 시험의 과목은 1교시 감정평가 실무, 2교시 감정평가 이론, 3교시 감정평가 보상법규로, 각 과목별 4문항의 주관식 문제를 100분 동안 자필로 쓰되, 22줄짜리 16쪽의 답안지에 풍부한 문장으로 작성한다. 합격 기준은 모든 과목은 40점 이상으로 과락이 없어야 하고, 전 과목 평균 60점 이상이어야 한다. 하지만 2차 시험은 매우 어려워서 평균 60점 이상의 득점자 수가 최소 합격 인원에 미달하곤 한다. 이때는 최소 합격 인원의 범위에서 전 과목 평균 점수가 높은 순으로 합격자를 결정한다.

필자는 2년 차에 합격했는데, 2차 시험 과목 중 가장 어려운 것이 감정평가 보상법규였고 가장 자신 있는 과목은 감정평가 실무였다. 감정평가 보상법규는 관련 법이 많고 법적 쟁점을 서술해야 해서 단기간에 정복하기 어렵다. 따라서 단기간에 합격하고 싶다면 자신 없는 과목은 1차 시험의 회계학과 마찬가지로 과락을 넘기는 것을 목표로 삼되, 상대적으로 고득점할 수 있는 감정평가 실무와 감정평가 이론에서 높은 성적을 받게끔 공부하는 것이 좋다.

필자는 2005년에 감정평가사 시험에 합격한 후 바로 신림동 학원가에서 감정평가 실무를 강의했는데, 답안지의 내용도 중요하지만 채점자가 잘 알아볼 수 있는 글자체의 통일감도 중요하다는 것을 깨달았다. 채점자가 읽기 쉬운 필체로 간결하고 명확하게 정답을 기술해야 좋은 점수를 받을 수 있다. 악필이라면 필체 교정을 받을 필요가 있다.

2차 시험은 주관식 시험인 만큼 문제의 출제 의도를 포괄적으로 이해할 필요가 있다. 즉, 본인이 전혀 모르는 문제라고 해도 비워두지 말고 자신이 알고 있는 지식을 어떻게든 연결하여 정성스럽게 기술해야 한다.

시험에 합격하려면 반드시 체력을 관리해야 한다. 운동을 매일매일 할 것을 강력히 추천한다.

한때는 신림동 고시촌의 일타 강사의 수업 노트와 수험생의 우수 답안지가 족보가 되어 삼삼오오 모여서 개별 스터디를 했다. 지금은 인터넷 검색창에 검색만 해도 아주 자세하게 시험 과목별 공부 방법을 소개하고 있으며, 인터넷 강의도 많아서 시간과 장소에 구애받지 않고 공부할 수 있다.

독자 중에 수험생이 있다면, 반드시 책상 앞에 다음과 같은 확언을 적어 매일 되새기길 추천한다.

"2024년 10월, 나는 감정평가사 2차 시험에 최종 합격했다. 합격 후 ㈜중앙감정평가법인에 입사해서 멋진 정장을 차려입고 출근했다. 그곳에서 이 책의 저자 권자영 평가사를 만나서 반갑게 인사했다. 안녕하세요. 저는 제35기 감정평가사 ○○○입니다."

이렇듯 이미 합격한 자신의 모습을 구체적으로 상상한다. 어떤 감정평가법인에서 근무하고 어떤 평가 분야에 전문성을 가질지, 차근차근 구체적으로 상상해보길 바란다. 긍정적인 생각으로 매일 열심히 공부하면 반드시 합격할 것이다.

5

시대가 원하는 전문성을 갖춘 감정평가사

2023년 12월 기준으로 한국감정평가사협회에 등록된 감정평가사는 총 4,678명이다. 이 중 감정평가법인에서 근무하는 사람이 3,835명, 감정평가사사무소에서 근무하는 사람은 840명으로, 전체 감정평가사 중 82%가 감정평가법인에서 근무하고 있다. 서울에서 근무하는 감정평가사 수는 전체 34.6%인 1,618명, 경기에는 24.4%인 1,142명이 근무하며, 인천은 6.7%인 312명으로 수도권(서울, 경기, 인천)에만 전체 감정평가사 수의 65.7%인 3,072명이 근무한다. 참고로 필자는 서울 서초구 서초동에 위치한 ㈜중앙감정평가법인 본사에서 15년째 근속 중이다.

감정평가사 분포 현황

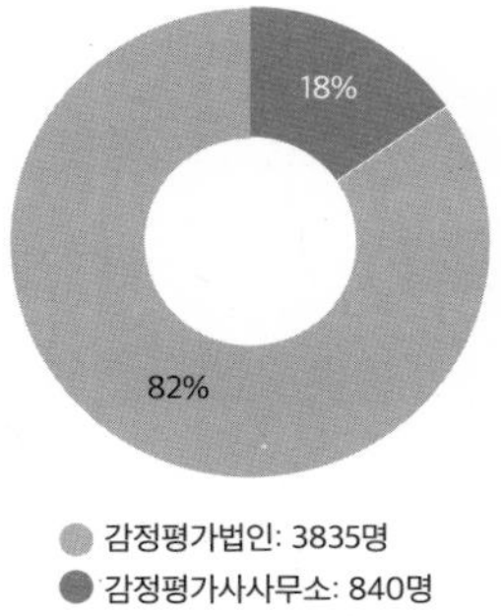

지역별 감정평가사 분포 현황

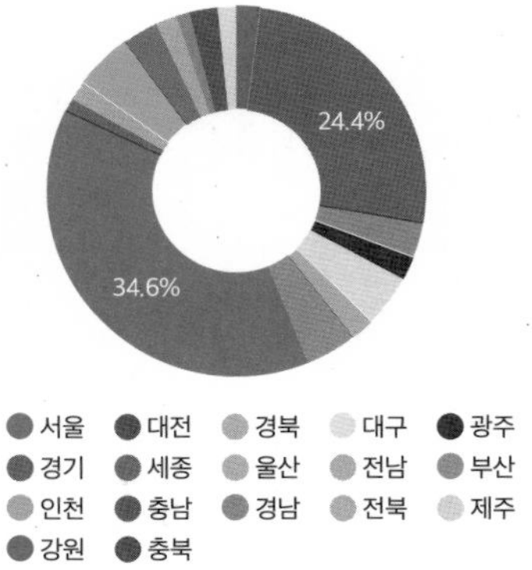

출처: 한국감정평가사협회

대한민국에는 돈 잘 버는 8대 전문직이 있는데, 변호사, 변리사, 관세사, 회계사, 감정평가사, 세무사, 노무사, 법무사다. 해마다 변동은 있지만 감정평가사의 평균 연봉은 약 6,800만 원으로 3위를 차지한다.

그러나 통계적 수치를 접할 때는 평균이란 숫자에 속으면 안 된다. 특히 전문직은 더 그렇다. 자격자라고 해서 비즈니스가 수동적으로 이뤄지지 않으며 능동적인 영업과 마케팅으로 성사된다. 비즈니스를 깔끔하게 마무리하는 전문가일수록 거래처가 많고, 그 분야에서 전문성과 노하우를 인정받아 좋은 평판을 얻어 추가적인 영업으로 연결된다.

그러므로 감정평가사 자격증을 취득했다고 해서 곧바로 전문가가 되는 것은 아니다. 어떤 분야에서 어떤 전문성을 가진 감정평가사가 될 것이며 어떤 노력을 기울일 것인지, 성공한 감정평가사가 되려면 어떻게 해야 하는지 궁금할 것이다. 그에 대한 정답은 시대가 필요로 하는 전문성을 갖추는 것이다.

금방 이뤄지는 일은 하나도 없다. 고통과 인내의 시간을 거쳐야 비로소 달콤한 열매를 수확할 수 있다. 필자는 2005년 말 시험에 합격하고 2006년에 1년간 수습 기간을 거쳐, 2007년 3월에 그 당시 국토해양부에서 제16기 감정평가사 자격증을 받았다. 성공하고 싶은 열의가 컸던 만큼 다양한 평가 경험을 쌓기 위해 노력했다. 잠도 줄이고 주말까지 반납하며 업무를 처리했다. 지금도 필자는 뛰어난 감정평가사가 되기 위해 끊임없이 노력 중이다.

감정평가사는 영업도 중요하지만 지식을 쌓고 업데이트하는 것도 소홀히 해선 안 된다. 2008년 주택정비사업이 한창일 무렵에는 정비사업의 전문성을 갖추기 위해 주거환경연구원의 주거환경정비사 과정을 이수하여 정비사업에 필요한 지식과 경험을 쌓았다. 2013년에는 영업권 등 무형자산에 대한 추가적인 전문성을 높이기 위해 한국감정평가사협회에서 진행했던 제2기 기술 가치평가 전문가 과정을 수료했다. 이 과정을 통해 무형자산에 대한 이해가 깊어졌고 전문성을 함양할 수 있었다.

2015년에는 한국리츠협회에서 실시하는 자산운용 전문인력 과정을 수료하면서 부동산투자회사(리츠)와 같은 집합투자기구의 개발 프로세스를 익혔다. 더 나아가 한양대학교 도시대학원 도시 부동산 리츠산업 최고 경영자 과정을 이수하면서 리츠업계 인맥을 강화했다.

2018년에는 부동산 호황기와 더불어 지식산업센터 투자가 활발히 이루어졌다. 단국대학교 부동산대학원의 석사 과정에 입학하여 〈서울시 소재 지식산업센터 가격 형성 요인 분석〉이라는 석사 논문을 썼다. 그리고 2019년에는 한국부동산개발협회 부동산 개발 전문인력 사전교육을 수료하여 부동산개발회사, 증권회사 등의 시행업계 인맥을 강화했고, 실무적인 개발 프로세스를 이해할 수 있었다.

2020년부터 약 2년간은 코로나19 팬데믹으로 대외적 활동은 위축되었지만 2022년에 한국경제신문 및 KH금융자문이 주관하는 데이터센터 개발 및 운영 전략 전문가 과정을 이수했다. 이 교육은 데이터센터를 감정평가할 때 실질적으로 많은 도움을 주었다. 2022년 상반기부터 시작된 경기침체로 딜(deal)이 거의 자취를 감추었을 때도 필자가 평가한 고양시 데이터센터 프로젝트는 가장 큰 딜로 평가되었다.

2023년은 불경기로 부동산 시장이 멈추다시피 했지만, 재건축 시기가 도래한 1기 신도시의 재건축 사업과 개발 기간이 짧고 위험성이 상대적으로 낮은 리모델링 사업에 대한 사회적 관심이 많았다. 그래서 필자는 2023년 9월 한국리모델링협회에서 실시하는 리모델링 사업관리사 과정을 수료한 후 시험에 응시했고, 12월에 리모델링 사업관리사(RMP) 자격증을 취득했다.

앞으로도 감정평가사로서 더 배우고 익힐 것이 많다. 부동산 시장은 계속 변화하고, 다양한 분야와 결합되기 때문이다. 부동산 거래는 현재 부동산 시장에 참여하는 사람이 만들어낸다. 그러므로 성공한 감정평가사가 되려면 부동산 관련 전문가들에 버금가는 지식을 쌓고 그들의 요구를 잘 분석하여 거래의 핵심을 관통하는 피드백을 해야 한다. 그러면 성공과 높은 연봉은 자연스레 따른다.

6

감정평가사의 다양한 활동 분야

필자는 24세에 감정평가사 시험에 합격하고 ㈜삼일감정평가법인에서 4년간, ㈜중앙감정평가법인에서 현재까지 16년간 근무하여 20년간 평가법인에서만 일했다. 하지만 감정평가사는 감정평가법인뿐만 아니라 개인 사무소에서도 근무할 수 있고, 은행, 한국부동산원, 증권회사, 시행법인, 자산운용회사, 부동산 관련 대학원, 중개법인, 회계법인, 각종 기업체 등 감정평가사의 경험과 지식이 필요한 곳이라면 어디서든 근무할 수 있다. 감정평가사의 대표적인 일자리를 소개하면 다음과 같다.

첫 번째는 감정평가법인에 근무하는 것이다. 합격자 중 대부분은 법인에서 수습을 받고 법인에 소속되어 평가 업무를 수행하지만, 개개인의 영업 실적에 따라 출자 여부와 연봉이 결정되는 만큼 법인에 소속된 평가사들은 영업에 대한 부담감이 높다. 감정평가법인은 개인사업자들의 공동체라고도 할 수 있어서 일정한 매출을 달성하지 못하면 스트레스를 받고 이직하거나 퇴사하기도 한다. 하지만 노력한 만큼 연봉이 높아진다는 매력도 있다.

두 번째는 감정평가사 시험에 합격하고 법인에서 수습 등을 거친 후 법인에서 근무하기가 현실적으로 어려워서 개인사무소 등을 개설하는 경우다. 본인만의 능력을 극대화하기 위해 추가로 행정사 자격을 취득하여 보상 전문가로 활동하기도 하고, 공인중개사 자격증을 취득하여 감정평가 업무도 하면서 중개 업무를 통해 추가 수입을 얻기도 한다. 한편 마음이 맞는 감정평가사가 모여 합동 사무소를 개설하기도 한다.

세 번째는 시중은행에서 근무하는 것이다. 감정평가법인에서 3~4년간 평가 실무 경험을 충분히 쌓은 뒤 시중은행의 심사역으로 취업할 수 있다. 일반적으로 시중은행에서는 담보평가가 필요한 경우 외부 감정평가법인에 감정평가를 의뢰한다. 하지만 시중은행에서는 비용 절감 및 감정평가서의 품질 향상을 위해 가치평가 본부를 만들어 운용한다. 가치평가 본부에 속한 심사 감정평가사들은 은행 지점에서 자체적으로 평가한 보고서의 적정성을 검토한다. 또한 평가법인에서 작성한 감정평가서에 대해 평가 작성의 신속성 및 오타 여부 등을 채점하여 감정평가법인의 등급을 정하여 등급별로 평가할 수 있는 부동산 금액구간을 정한다. 이들은 영업에 대한 부담이 상대적으로 적고 출퇴근이 일정한 편이다.

네 번째는 공공기관인 한국부동산원에서 근무하는 것이다. 출퇴근 시간이 일정하고 영업에 대한 부담이 없어서 주로 안정성을 추구하거나 법인에서 영업에 대한 피로감을 느끼는 평가사들이 지원한다. 한국부동산원은 한국감정평가사협회와 오랫동안 앙숙 관계였다. 과거에 부동산 공적 업무를 배분하는 과정에서 양사 간에 치열하고 격렬한 논쟁이 있었던 탓이다. 그러나 2016년 한국부동산원이 감정평가 업무에서 손을 떼기로 합의하면서 지금은 협력 관계로 돌아섰다. 한국부동산원에서 일하는 감정평가사는 예전에는 일반 직원보다 자격증 수당 등이 더 지급되었으나 지금은 그렇지 않다. 또한 순환보직 및 연봉 등의 이유로 다시 감정평가법인으로 이직하기도 한다.

다섯 번째는 감정평가사 자격증을 취득하고 수습 기간을 마친 후 증권회사, 자산운용회사, 시행법인 등에 바로 취업하는 것이다. 이러한 회사에 취직하면 부동산 매입부터 매각까지 부동산에 관한 모든 업무를 경험할 수 있다는 장점이 있다. 20대 초·중반에 합격한 감정평가사라면 증권회사 및 자산운용회사와 같은 대기업에서 기업문화, 실전 경험 및 부동산 인맥을 쌓을 수 있다. 이러한 인맥과 경력을 바탕으로 다시 감정평가법인에 입사하는 경우에 또래의 평가사보다 남다른 퍼포먼스를 내기도 한다.

여섯 번째는 감정평가사 자격증을 일찍 취득했으나 나중에 부동산 전문대학원 석사·박사를 이수하는 경우다. 일찍부터 자격증 시험을 준비해서 20대 초반에 자격증을 취득했는데도 대학교 졸업 또는 군대 등 여러 가지 이유로 수습을 받지 못하는 경우가 있다. 일반적으로 감정평가법인에서는 대졸의 30대 초반을 채용하길 원한다. 따라서 20대 초반에 자격증을 취득하고 지식 함양 및 부동산 인맥을 쌓기 위해 부동산 전문학과가 있는 건국대, 한양대, 서울시립대, 단국대에서 석사 및 박사 과정을 이수하기도 한다. 석·박사 공부를 하면서 부동산 관련 종사자와 인맥을 쌓은 후 감정평가법인 등에서 근무하기도 하고, 대학교 강사 또는 교수로 활동하기도 한다.

그 외에도 감정평가 수습 기간을 거쳐 법무법인, 중개법인, 회계법인, 각종 기업체 등의 부동산 관련 분야에서 자격자로서 역할을 하기도 하고, 부동산과 관련한 법적 문제 해결을 위해 로스쿨에 들어가 변호사 자격을 취득하여 부동산 관련 송사의 전문가로서 두각을 나타내기도 한다.

이처럼 감정평가사는 감정평가법인에 소속되어 일반적인 감정평가 업무를 수행하기도 하지만, 감정평가사 자격을 취득한 후 남다른 노력으로 전문적인 지식을 쌓고 추가적인 자격증을 취득하여 다른 직업과의 시너지로 더 많은 수익을 벌어들이기도 한다. 전통적인 감정평가 업무 외에도 새로운 영역으로 확장하면 경쟁력이 된다.

계륵 같은 탁상감정

일반적으로 부동산 대출 의뢰인은 대출을 최대한 많이 받기 위해 여러 은행에 대출을 문의한다. 은행 역시 다른 은행과 대출 경쟁을 벌인다. 은행에서도 대출이 최종적으로 진행될지 불확실하므로 정식으로 대출을 진행하기 전에 담보 부동산에 대해 의뢰인에게 제시할 대략적인 감정평가 금액이 필요하다. 감정평가사는 대략적인 금액을 통보하기 위해 현장에 가지 않고 제시된 자료(등기사항전부증명서, 토지대장)만으로 간략하게 감정평가를 하는데 이를 탁상감정이라고 한다.

감정평가사법에는 감정평가법인등의 정식 업무로 감정평가와 관련된 상담 및 자문 및 토지 등의 이용 및 개발 등에 대한 조언이나 정보 제공 업무가 규정되어 있다. 변호사와 상담하면 시간당 상담료를 받는 것과 같이 감정평가사 역시 감정평가와 관련된 상담 및 자문을 제공하면 수수료를 받아야 한다. 그런데 한국감정평가사협회는 금융기관 등 반복적이고 꾸준하게 감정평가 업무를 진행하는 의뢰인들에 한해서는 탁상감정을 무료로 진행한다. 금융기관들 입장에서 정식 감정으로 연결되지 않을 수도 있는데 수천 개의 탁상감정 비용을 전부 지출할 수 없다는 논리를 우리가 공감했기 때문이다.

하지만 탁상감정에 대해 은행의 입장만 고려하여 무료로 감정평가사의 상담 및 자문을 계속 제공하는 것은 불합리하므로, 감정평가업계에서는 논쟁거리다. 필자의 경험상 탁상감정 10개를 하면 평균적으로 1개가 정식 감정으로 연결된다.

이 논쟁을 줄이기 위해서는, 감정평가사는 탁상감정을 신속·정확하게 처리해서 정식 감정으로 이어질 수 있도록 하고, 금융기관에서는 불필요한 탁상감정은 지양하도록 노력해야 할 것이다.

2장

당신이 알아야 할
부동산 감정평가 비밀

1

부동산 감정평가 비밀 원리

부동산 감정평가의 비밀 원리는 부동산 가치가 어떠한 힘에 영향을 받아 시장에서 어떻게 결정되는지 분석하여 정리하는 것이다. 우리나라 부동산 감정평가 원리는 대부분 미국의 부동산감정평가협회(Appraisal Institute)의 기준을 채택하고 있다. 대표적인 것을 살펴보면 다음과 같다.

첫 번째는 예상의 원리다. 부동산 가치는 부동산의 과거나 현재의 이용 상황에 의해 결정되는 것이 아니라, 앞으로 어떻게 이용될 것인지 예상을 토대로 결정된다는 것이다. 이 원리를 바탕으로 한 감정평가 방법이 수익 방식이다. 수익 방식은 부동산이 미래에 산출할 것으로 기대되는 순수익이나 미래의 현금흐름(Cash Flow)을 환원 또는 할인하여 부동산의 가액을 산정하는 감정평가 방법이다.

두 번째는 변동의 원리다. 부동산의 가치에 영향을 미치는 여러 요인이 변동됨에 따라 그 가치도 달라진다. 부동산 가치에 영향을 주는 요인으로는 크게 일반 요인, 지역 요인, 개별 요인이 있다. 일반 요인은 사회적 요인, 경제적 요인, 행정적 요인이고, 지역 요인은 특정한 지역 차원의 일반 요인과 자연 환경을 가리키며, 개별 요인은 물건 자체가 가진 고유한 요인을 뜻한다.

세 번째는 수요와 공급의 원리다. 부동산의 가치는 수요와 공급의 상호 작용에 의해 결정된다는 것으로, 부동산 감정평가 3방식의 근간이 된다. 감정평가 3방식은 「감정평가에 관한 규칙」 제11조에 규정되어 있는데, 공급자 기준의 비용성에 근거한 원가 방식, 수요자 기준의 시장성에 근거한 비교 방식, 수익성에 근거한 수익 방식을 가리킨다. 각각의 방식에 의해 결정된 가격을 원가 가격, 비준 가격, 수익 가격이라고 부른다.

네 번째는 경쟁의 원리다. 부동산의 가치는 경쟁에 의해 결정된다는 것으로, 부동산의 초과 이윤은 경쟁을 야기하고 초과 이윤이 사라질 때 그 가치에 적합한 가격이 매겨진다. 예를 들어 주변보다 많은 임대료 수입이 발생하는 수익형 부동산이 있다고 하자. 이런 경우 소유자는 본인이 현재 임차인으로부터 지불받은 초과 임대료를 기준으로 수익 방식을 산출해달라고 요청하지만, 평가사는 인근 지역의 평균 임대료를 기준으로 수익 방식을 산정한다. 경쟁의 원리에 따라 초과 임대료는 앞으로 경쟁이 심해지면 사라질 것이므로 영속적이지 못하기 때문이다.

다섯 번째는 대체의 원리다. 부동산의 가치는 대체·경쟁 관계에 있는 부동산의 영향을 받아서 결정된다. 이 원리를 바탕으로 한 감정평가 방법이 비교 방식이다. 비교 방식을 적용할 때의 관건은 대체·경쟁 관계에 있는 비교 사례를 선정하는 것이다. 소형 아파트를 평가하는데 대형 아파트를 비교 사례로 선택하거나, 표준적 이용규모를 초과하는 대규모의 토지(광평수)를 평가하는데 인근의 전형적인 규모의 토지를 비교 사례로 선택한다면 대체의 원리를 제대로 적용하지 않은 것이다.

여섯 번째는 기회비용의 원리다. 부동산의 가치는 특정 용도로 사용함으로써 사라진 대안적 부동산 이용에 지불하려는 대가에 의해 결정된다. 이러한 기회비용의 원리는 수익 방식을 검토할 때 자주 활용된다. 수익 가격은 앞으로 예상되는 연간 순수익을 환원 이율로 환원해서 가격을 결정한다. 산식으로 정리하면 다음과 같다.

수익 가격=순수익(1년 기준)/환원 이율

예를 들면 월세가 100만 원인 상가이고 별도의 유지 비용이 없으며 현재 환원 이율이 6%라고 하자. 그러면 1년 월세 수입이 100만 원×12=1,200만 원이고 이를 수익 가격으로 환원하면 1,200만 원/0.06=2억 원이 된다.

환원 이율은 순수익을 기준 시점의 경제적 가치로 환산하기 위해 부동산 가치 대비 순수익의 적정 비율을 말한다. 이는 일반적으로 최근 시장금리의 추세 및 향후 가치 변동에 따른 위험, 인근의 유사한 부동산이 지닌 가격에 대비한 임대료 수준, 국토교통부에서 발표하는 '상업용 부동산 임대 사례 조사 보고서'를 종합적으로 고려하여 결정한다.

일곱 번째는 적합의 원리 및 외부성의 원리다. 적합의 원리란 부동산 특성은 시장 수요와 일치하거나 주변의 토지 이용과 어울릴 수 있을 때 높은 가치를 창출한다는 것이다. 이와 유사하게 외부성의 원리는 부동산의 가치는 부동산이 지닌 내부적 특성뿐만 아니라 외부적 요인에 의해 영향을 받는다는 것이다. 예를 들어 모텔의 경우에는 모텔촌을 이루고 있을 때 더 높은 가치를 창출하고, 농경지와 임야는 주변이 개발되고 도로가 확장·개설되면 개발 후보지로 변모한다.

마지막으로 최유효 이용의 원리다. 부동산의 가치는 부동산을 이용할 수 있는 다양한 용도 중 최고 또는 최선의 최유효 이용을 전제로 한 가격을 기준으로 형성된다. 여기서 최유효 이용은 통상적인 이용 능력을 가진 사람들이 고려하는 합리적·합법적·물리적인 최선의 방법과 수익성이 최대인 이용상황을 의미한다. 앞서 언급한 평가 원리는 최유효 이용의 원리를 중심으로 유기적으로 고려해야 한다.

2

부동산 유형 인수분해

세상에는 다양한 부동산 유형이 있다. 쉽게 떠올릴 수 있는 부동산 유형은 아파트, 다세대주택, 다가구주택, 오피스텔, 상가, 백화점, 호텔, 물류창고, 토지 등일 것이다. 그렇다면 부동산 전문가들은 다양한 부동산 유형을 어떻게 구분하여 체계적으로 기억할까?

법적으로 살펴보면, 토지는 「국토의 계획 및 이용에 관한 법률」, 건물은 「건축법 시행령 별표1」 등에 유형이 세세하게 규정되어 있다. 부동산 관련 종사자들은 부동산 유형을 주거용과 비주거용으로 크게 나눈다. 하지만 이 책에서는 부동산 유형을 좀 더 쉽게 이해하기 위해 부동산의 근본 뼈대를 이해하고 이를 기본으로 하여 분류할 것이다.

부동산은 일반적으로 토지·건물 유형과 구분건물 유형으로 나누는 것이 좋다. 토지·건물 유형은 토지와 건물이 따로 떨어져 구성되며, 구분건물 유형은 토지와 건물이 붙어 있다. 토지·건물 유형은 다가구주택과 같이 토지는 토지대로, 건물은 건물대로 각각 존재한다. 반면에 구분건물 유형은 토지와 건물을 하나로 보기 때문에 부동산 거래도 일체로 이뤄진다. 가장 대표적인 예가 아파트나 다세대주택과 같은 부동산이다.

이들은 발급받는 서류부터 다르다. 토지·건물 유형은 대법원 인터넷등기소에서 토지등기사항전부증명서와 건물등기사항전부증명서를 따로 발급받아야 한다. 하지만 구분건물 유형은 구분건물등기사항전부증명서 1개만 발급받으면 된다.

부동산	토지 및 건물	토지등기사항전부증명서 건물등기사항전부증명서
	구분건물	구분건물등기사항전부증명서

다음으로 부동산을 직관적으로 분류하는 기준을 생각해보자. 법적으로는 토지 기준, 건물 기준을 따로 나누지만, 기본적으로는 건물의 용도, 즉 이용 상황을 기준으로 분류한다.

먼저 건물의 용도를 크게 주거용, 상업용, 공업용으로 나눈다. 왜 토지는 제외하고 건물의 용도를 기준으로 부동산을 분류하는지 궁금할 것이다. 건물의 크기를 기준으로 소형·중형·대형으로 나누거나 건물의 위치에 따라 나눌 수도 있는데 말이다.

건물을 용도별로 나누어 생각해야 하는 이유는 부동산 가격의 비밀, 즉 부동산 가격 형성 요인이 건물의 용도에 가장 크게 영향을 받기 때문이다. 감정평가 이론상으로도 부동산은 용도별로 가격 형성 요인이 다르며, 토지 가치 또한 지상에 지어지는 건물의 용도에 영향을 받는다.

주거용 부동산에서 중요한 가격 형성 요인은 무엇일까? 교통을 제외하곤 아직은 학군이다. 아파트는 학군을 빼고는 이야기가 안 된다. 과거 '강남불패'라는 말이 생기고 강남권 아파트 가격이 떨어지지 않았던 이유가 바로 학군이었다.

두 번째로는 안전이다. 특히 초등학생을 양육하는 부모로서는 횡단보도를 건너지 않고 등교할 수 있는지 여부가 주거용 부동산의 중요한 가격 결정 요인이다.

세 번째는 쾌적성이다. 소음 유발 시설, 변전소, 쓰레기매립장과 같은 유해시설이 가까이에 있는지 여부도 중요한 가격 결정 요인이다.

네 번째는 조망이다. 영구 조망 뷰인 한강 뷰, 공원 뷰, 마운

틴 뷰는 주거용 부동산 가격에 지대한 영향을 미친다.

그렇다면 상업용 부동산에서 제일 중요한 가격 형성 요인은 무엇일까? 무조건 수익성이다. 임대료 수익이 높을수록 가격이 높은 것은 당연하다. 임대료 수익이 나지 않는 상가는 지금과 같은 불경기에는 답이 없다.

두 번째는 상권 형성 여부다. 다만 상권은 유동적이라서 상권의 지속 가능성, 공실 변화율 등을 두루두루 챙겨야 한다.

세 번째는 유동 인구다. 상업용 부동산의 매출에 영향을 미치는 사람은 상주 인구가 아닌 유동 인구다. 따라서 유동 인구를 살펴보는 것은 물론, 유동 인구의 실질 구매력도 고려하여야 한다.

공업용 부동산에서 제일 중요한 가격 형성 요인은 물류의 편의성이다. 기업은 제품의 생산, 유통, 배송, 재고 관리 등이 중요하므로, 물자 확보가 용이한 철도, 항만, 도로의 접근성과 편의성이 좋을수록 가격이 높다.

두 번째로는 인근 배후지와의 연계성이다. 공장 주변으로 배후지가 있어야 직주 근접성이 확보되고 출퇴근이 편하기 때문에 기업의 구인·구직이 용이해진다. 이러한 점은 공업용 부동산의 가격 상승 요인이다.

마지막으로 농경지와 임야는 필지가 위치한 곳의 주변 환

공통 사항	가로의 폭, 구조, 계통, 연속성 인근 대중교통 시설, 인근 IC와의 거리 및 편의성 행정상 규제, 용적률 인센티브 여부 면적, 형상, 고저
주거용 부동산	인근 상가(시장, 대형 마트, 백화점)와의 거리 및 편의성 유치원, 초등학교, 공원, 병원, 관공서 거리 및 편의성 조망, 경관, 일조, 통풍 여부 상수도, 하수도, 도시가스 등 공급 처리 시설 상태 변전소, 가스탱크, 오수처리장 등 위험 및 혐오시설 유무 특별고압선 등과의 거리
상업용 부동산	상가 용도가 고객 유동성과 적합한지 여부 도심지, 상업시설, 업무시설과의 접근성 배후지의 크기, 상가 성숙도 건물 관리 상태, 설비의 유무 단지 내 주차의 편리성 건물 전체 공실률, 임대료 수준, 임대 비율 층별, 위치별, 향별 효용 주 출입구와의 거리, 에스컬레이터 및 엘리베이터와의 거리 전유 부분의 면적 및 대지권의 크기
공업용 부동산	대형 트럭이 진입할 수 있는 도로폭인지 여부 철도 전용 인입선 여부 도입시설 입주허가여부(예: 피혁, 염색, 식가공) 동력자원 확보 여부 공업용수, 배수 처리 상태 양호 여부 지반, 지질 자연환경 주변 산업단지와의 연계성 여부

경이 성숙한지가 가장 큰 가격 형성 요인으로 작용한다. 주변 환경이 성숙한 지역에 있는 농경지나 임야는 현재의 이용 상황보다는 향후 개발 행위 허가 등을 통해 대지로 변할 가능성이 높아서 택지 후보지라고 할 것이다. 그러나 주변 환경이 미

성숙한 지역에 있는 농경지나 임야는 농지나 임야로 남을 확률이 매우 높아서 가격은 낮을 수밖에 없다.

용도별로 부동산 가격에 영향을 미치는 핵심적인 고려 사항을 표로 정리했다. 부동산에 투자하고 싶다면 용도별 핵심 가격 형성 요인이 갖춰져 있는지 기록해두는 것이 좋다. 그것이 감정평가사들이 부동산 가격을 결정할 때 고려하는 요인이기 때문이다.

3

감정평가도 타이밍

"인생은 타이밍"이라는 말이 있다. 일에는 최적의 순간이 있는데, 그것보다 빠르거나 늦어서 타이밍이 맞지 않으면 노력을 기울여도 그르칠 수 있다는 뜻이다.

부동산은 인간의 기초적인 삶의 터전이기 때문에 부동산도 타이밍이 중요하다. 합리적인 매도인은 부동산 가격이 최고점을 찍는 순간에 부동산을 팔고 싶고, 매수인은 부동산 가격이 최저점을 찍는 순간에 부동산을 사고 싶다. 그러나 부동산의 가격 형성 요인은 복잡하고 변동하는 특성이 있어서 적절한 타이밍을 잡아 일을 진행하기가 쉽지 않다.

이처럼 일반인들은 쉽사리 최적의 매수 및 매각 타이밍을 결정하기가 어렵다. 감정평가사는 그들이 필요로 하는 타이밍에 부동산을 감정평가하여 의사결정에 큰 도움을 줄 수 있다. 부동산 감정평가도 타이밍이 중요해서, 필요한 경우에는 가격조사가 가능하다는 전제하에 2021년의 어느 날을 임의로 특정하여 감정평가를 할 수도 있다.

현재에 있다고 해서 반드시 현재 시점의 부동산 가격만 필요한 것은 아니다. 예를 들면 소송 평가를 하는 경우 기업의 회생 여부를 결정하기 위해 코로나19와 같은 부동산 가격에 중대한 영향을 미칠 수 있는 사건이 발생하기 이전의 가격이 필요할 수도 있다. 그런 경우에는 과거 시점의 부동산 가격을 산정하기도 한다. 이와는 반대로 부동산 개발 프로젝트를 진행하는 경우 현재 준공되지 않은 건물이지만 미래 시점에 준공될 부동산의 가격을 산정하기도 한다. 즉, 부동산과 관련된 올바른 의사결정을 하기 위해 상황에 맞는 최적의 타이밍을 기준시점으로 하여 감정평가하는 것이 중요하다.

국토교통부령인 「감정평가에 관한 규칙」(이하 감칙) 제2조 제2호에는 기준시점이라는 용어를 규정하고 있는데, 대상 물건의 감정평가액을 결정하는 기준이 되는 날짜를 말한다. 감칙 제9조 제2항에서는 "기준시점은 대상 물건의 가격 조사를 완료한 날짜로 함이 원칙이나 기준시점을 미리 정하였을 때는 그 날짜에 가격 조사가 가능한 경우에만 기준시점으로 할 수 있다"라고 규정하고 있다.

또한 감칙 제9조 제1항에 따르면 감정평가법인은 의뢰인에게 감정평가를 의뢰받았을 때 기준시점에 대해 의뢰인과 협의하여 확정할 수 있으므로, 의뢰인이 원하는 날짜를 기준시점으로 하여 평가할 수 있다.

감정평가에서 기준시점이 중요한 이유는 기준시점 당시의 부동산 가치를 정확하게 평가하여 책임 소재를 명확히 하기 위해서다. 부동산은 시장 상황에 따라 가격이 변하는 상품이므로 기준시점을 정하여 감정평가 금액을 정하는 것은 감정평가사뿐만 아니라 관계인에게도 필수적이다.

만약 기준시점을 정하지 않고 감정평가가 이루어진다면 그 금액의 정확성이 떨어지므로, 그 감정평가 금액을 신뢰하여 투자하거나 거래한 사람뿐만 아니라 이와 관계된 이해관계자에게도 심각한 피해를 줄 수 있다. 반대로 기준시점을 확정하여 정확하게 감정평가가 이루어지면 기준시점 이후 부동산 가격이 급락 또는 급등하더라도 감정평가 금액은 그 기준시점에 한해 유효하므로 부동산 투자 및 거래 등에 있어 책임 소재를 분명히 할 수 있다. 즉, 기준시점이 확정된 감정평가 금액은 공정성 및 신뢰성을 보장한다.

4

감정평가서 원씽, 괄호감정평가표

감정평가서는 평가 목적, 대상, 금액에 따라 보고서의 분량이 다른데, 일반적으로 감정평가 금액이 30억 원 미만인 부동산의 경우 감정평가서는 대략 50쪽 이내다. 한국감정평가사협회가 정하는 감정평가서 표준서식에 따르면, 감정평가서는 크게 ①표지, ②담보물건총괄표, ③괄호감정평가표, ④감정평가액의 산출 근거 및 결정 의견, ⑤감정평가명세표, ⑥광역위치도, ⑦상세위치도, ⑧지적개황도, ⑨건물개황도, ⑩사진 용지 및 관련 서류로 구성되어 있다. 70쪽짜리 감정평가서라도 단연코 가장 중요한 것은 괄호감정평가표다.

괄호감정평가표는 일정한 양식의 표를 통해 감정평가에

필요한 기본적 사항을 확정한 것이다. 감정평가서를 작성한 평가사 이름, 감정평가법인의 명칭과 대표자 이름, 감정평가액, 의뢰인, 감정평가 목적, 채무자, 제출처, 소유자, 기준가치, 감정평가 조건, 목록 표시 근거, 기준시점, 조사 기간, 작성일, 감정평가 내용(공부 및 사정된 물건 종류와 면적, 수량), 감정평가 심사자 확인란으로 구성된다. 괄호감정평가표의 내용만 잘 이해해도 감정평가서의 대부분을 이해한 셈이나 다름없다.

감정평가서에는 총 6명의 이름이 등장한다. 제일 먼저 감정평가 금액을 결정한 감정평가사다. 두 번째는 감정평가서를 작성하게 한 법인의 대표이사이고, 세 번째는 감정평가를 심사한 심사자다. 네 번째는 감정평가를 의뢰한 의뢰인, 다섯 번째는 대상 부동산의 소유자, 여섯 번째는 대상 부동산의 채무자다.

의뢰 목적에 따라 6명이 보고서에 전부 등장하지는 않는다. 예를 들어 자산 재평가의 경우 채무자가 필요 없으므로 채무자 칸은 비워둔다.

감정평가 의뢰인은 개인일 수도 있고, 법인일 수도 있다. 예를 들면 담보 평가 목적의 의뢰인은 주로 금융기관이고, 경매 평가 목적의 의뢰인은 법원이며, 자산 재평가 목적의 의뢰인은 회사, 보상 평가 목적의 의뢰인은 공익사업의 시행자다.

감정평가서에 의뢰인을 기재하는 이유는 의뢰인에 대하여 감정평가서를 작성 및 제출하고 그에 대한 책임을 지기 때문이다. 따라서 감정평가 의뢰인이 아닌 제3자가 감정평가서를 요구하는 경우에는 반드시 의뢰인과 상의해야 한다.

보통 부동산 소유자가 그 부동산을 담보로 돈을 빌리므로 소유자와 채무자는 동일인이다. 하지만 간혹 소유자와 채무자가 다른 경우가 있다. 예를 들면 부동산이 매매 중이어서 소유자는 부동산을 매도하려는 사람이고 채무자는 부동산 매수를 위해 부동산을 담보로 하여 돈을 빌리려 할 때 달라진다. 이런 경우 금융기관에서 감정평가서에 매수자가 곧 소유자가 될 예정이므로 채무자, 소유자를 매수인으로 기재해달라고 요청하곤 한다.

한편 심사 평가사가 필요한 이유는 평가 금액의 공정성과 신뢰성을 재차 확보하기 위해서다. 감정평가 심사 업무는 담당 평가사의 현장 조사, 자료 조사를 토대로 산정한 평가 금액이 한국감정평가사협회에서 제공한 심사 규정 및 내부 심사 규정에 맞게 올바르게 평가됐는지 확인하는 작업이다. 감정평가법인에는 심사위원장을 중심으로 하여 10명 내외의 심사자가 법인에 상주하는데, 이들이 돌아가며 기존에 작성·제출한 감정평가 금액의 산출 과정, 가격 형성 요인 등의 적정 여부를 심사하고 상의한다. 또한 감정평가 금액이 100억 원 이상이거나 가격 분쟁이 예상되는 경우, 가격위원회를 개최하며 강도 높게 심의한다.

괄호감정평가표상에서 핵심인 감정평가 내용의 범위는 감정평가사가 아닌 의뢰인이 결정한다. 감정평가 의뢰인이 감정평가의 의뢰 범위를 결정하면 평가 대상에 맞는 가격 형성 요인을 분석하는 것이 감정평가사가 하는 일이다. 간혹 의뢰인이 평가 대상을 제대로 확정하지 못하거나 평가 대상을 누락시키는 경우, 감정평가법인에서 그동안의 경험을 바탕으로 평가 목록을 꼼꼼히 챙겨주어야 한다. 많이 하는 실수가 전원주택단지 내 토지를 감정평가 의뢰하면서 토지에 들어가는 진입도로를 함께 의뢰하지 않는 것이다.

감정평가의 기본 원칙은 현황 평가다. 다만 감정평가 조건이 합리적, 합법적, 실현 가능성이 있으면 조건부 감정평가도 가능하다. 현재 토지는 지상에 건물이 없는 나지 상태인데, 향후 토지에 다가구 주택을 짓기로 계획하고 준공 후 가치를 산정해달라는 의뢰할 수 있다. 이 경우 토지에 건물을 짓는 행위가 용도지역, 용적률, 건폐율 등을 고려할 때 합법적, 합리적이고 실현 가능성이 있다면 준공 후의 가치를 산정할 수 있다. 다만 현재 토지가 보전관리지역 내 보전산지인데 골프장을 지었을 때 가치를 산정해달라고 요청한다면, 조건 자체가 합리적이지 않고 실현 가능성이 없으므로 조건부 평가가 불가능하다고 설명해주어야 한다.

감정평가 내용은 공부와 사정 및 감정평가액으로 나뉜다. 실제 부동산이 토지대장, 일반건축물대장 등 공부에 기재된 면적과 실제로 이용되는 면적이 다른 경우에는 나누어 기재한 후 실제 사정 면적을 기준으로 평가액을 산정하기 위해서다. 예를 들어 공부상 지목이 대이면서 면적은 100㎡인 토지를 담보 평가한다고 하자. 현장 조사 결과 대상 토지 중 20㎡가 공부상 지목과 달리 현황 도로로 이용되고 있다면, 괄호감정평가표에는 공부상 평가 대상이 100㎡, 사정 면적에는 80㎡만 기재하고 20㎡는 평가 제외로 기재한다. 현황 도로는 담보 대상이 아니기 때문이다.

공부(㎡)		사정(㎡)		감정평가액	
종류	면적	종류	면적	단가(원/㎡)	감정평가액(원)
대	100	대	80	1,000,000	80,000,000
			20	-	평가 제외

따라서 괄호감정평가표상 감정평가 내용을 볼 때는 공부 면적보다는 사정 면적을 더 자세히 살펴보아야 하고, 사정 면

적에서도 특히 왜 평가에서 제외했는지, 사정 면적의 산출 근거는 무엇인지 검토해야 한다.

012023-0703-017

(토지)감정평가표

이 감정평가서는 감정평가에 관한 법규를 준수하고 감정평가이론에 따라 성실하고 공정하게 작성하였기에 서명 · 날인합니다.

감정평가사 권자영 권 자 영

(주)중앙감정평가법인 대표이사 신 상 윤

감정평가액	**삼백육십사억일천칠백육십만원정 (₩36,417,600,000.-)**			
의 뢰 인	슬로디미디어	감정평가목적	담 보	
채 무 자	홍 길 동	제 출 처	슬로디미디어	
소 유 자 (대상업체명)	홍 길 동	기준가치	시장가치	
		감정평가조건	--	
목 록 표시근거	등기사항전부증명서 토지대장, 귀제시목록	기준시점	조사기간	작성일
		2023.07.11	2023.07.03 ~2023.07.11	2023.07.20

감정평가내용	공부(公簿)(의뢰)		사 정		감정평가액	
	종류	면적(㎡) 또는 수량	종류	면적(㎡) 또는 수량	단가	금액(원)
	토지	2,529	토지	2,529	14,400,000	36,417,600,000
			이	하 여	백	
	합 계					**₩36,417,600,000**

심사확인	본인은 이 감정평가서에 제시된 자료를 기준으로 성실하고 공정하게 심사한 결과 이 감정평가 내용이 타당하다고 인정하므로 이에 서명 · 날인합니다. **심사자 : 감정평가사 이상구** 이 상 구

5

감정평가서 요약본, 감정평가명세표

감정평가명세표는 감정평가서의 요약본으로, 본건 소재지, 지번, 지목·용도, 용도지역·구조, 면적(공부·사정), 단가(원/m^2), 감정평가액, 비고로 구성된다. 여기서 가장 눈여겨봐야 할 항목은 비고로, 비고 칸에 작성될 정도면 감정평가를 할 때 중요한 고려 사항이 있다는 뜻이다. 비고 칸에 작성되는 이슈로는 크게 ①일단지 평가, ②현황 평가, ③관찰감가법 병용 등 3가지로 나뉜다.

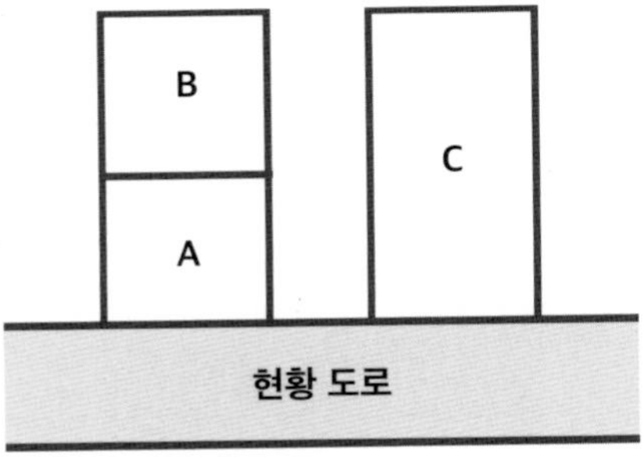

감정평가의 원칙 중 기본 원칙은 개별 평가다. 예를 들어 그림과 같은 토지 2필지가 감정평가 의뢰되었다고 하자. A 토지는 전면부 토지 단가를 적용하고 B 토지는 후면부 토지 단가를 적용하여 각각의 필지를 개별적으로 평가한다. 도로에 접한 전면부 토지는 도로에 접하지 않은 후면부 토지에 비해 가격이 2배 이상 높게 형성될 수 있다. 토지에서 가장 중요한 가격 형성 요인이 가로 조건, 접근 조건이기 때문이다.

다만 일단으로 관계구청으로부터 건축 허가를 얻어 건축 공사를 진행하는 등 사회적·경제적·행정적으로 용도상 불가분 관계에 있다고 판단되면 두 필지를 개별 필지의 합이 아니라 일단지인 C로 보아 전체를 전면부 토지 가격 수준으로 일괄 평가할 수 있다. 이렇듯 원칙적으로 토지는 개별적으로 평가해야 하지만 건축 허가 및 착공이라는 행위를 통해 전체를 일단지로 볼 수 있다면 일단지로 평가한다. 이때 감정평가명세표 비고 칸에 '일단지 기준'이라고 기재한다.

감정평가의 두 번째 기본 원칙은 현황 감정평가다. 토지에는 토지의 주된 사용 목적에 따라 법적으로 구분되는 토지 종류의 명칭을 정해두었다. 그것을 지목이라 한다. 「공간정보 구축 및 관리 등에 관한 법률」 제67조에 규정된 토지의 지목은 총 28개로, 토지의 성격과 용도에 따라 구분된다. 감정평가를 할 때는 지목을 고려해야 하지만, 지목을 기준으로 평가하는 것은 아니고 현황을 기준으로 평가한다.

가령 어떤 토지의 공부상 지목이 대인데, 현장을 방문한 결과 불특정인들의 통행을 막을 수 없는 도로로 이용되고 있다면 공부상 지목에도 불구하고 현황인 도로로 평가해야 한다. 특히 담보 평가의 경우 현황 도로는 환가성이 없어서 감정평가 대상에서 제외해야 하므로 주의한다. 감정평가사는 공부상 지목과 현황이 다를 경우 감정평가서 중 평가의견란에 공부상 지목과 다르게 평가했다는 내용을 기재해야 하고, 감정평가명세표 비고 칸에 '현황 기준'이라고 별도로 기재한다.

마찬가지로 공부상 지목이 전인데 현장을 가서 보니 건물을 지어놓고 상가주택으로 이용하는 경우에는 공부상 지목이 전이라도 대지로 평가해야 한다. 그 전에 그 이용 상황이 불법인지 여부를 검토해야 한다. 현재 이용 상황이 불법이 아니라 단순히 공부상 지목 변경을 하지 않은 상태라고 조사·판단되면 상가주택으로 이용하는 것을 기준으로 현황 평가한다.

이용 상황이 불법인 경우는 주로 보상 평가에서 많이 다룬다. 수용 대상자가 공익사업이 이뤄질 만한 곳에 무허가로 건물을 지어놓고 건물까지 포함해서 보상해달라는 경우가 많다. 이런 경우에는 공익사업법 부칙 제5조에 의거하여, 1989년 1월 24일 이전에 지어진 무허가 건축물은 적법한 건축물로 보아 건물이 있는 상태를 기준으로 보상 금액을 산정해준다.

토지는 해가 갈수록 늙지 않지만, 건물은 늙는다. 영구적인 토지와는 달리 건물은 시간이 지남에 따라 마멸, 파손, 노후화 등을 이유로 감가된다. 따라서 건물을 평가할 때는 현재 건물의 상태를 자세히 파악하여 물리적 감가, 기능적 감가, 경제적 감가 요소를 종합적으로 고려하여 감정평가에 반영한다.

특히 감정평가에 사용되는 관찰감가법이란 대상 건물의 개별 상태를 세밀하게 관찰하여 건물의 경과 연수를 조정하는 감가 수정 작업을 말한다. 예를 들어 일반건축물대장의 사용승인일로부터 기준시점까지의 경과 연수를 산출했더니 10년 된 건물이 있다고 하자. 하지만 이 건물은 페인트칠, 미장·방수 등의 유지 보수와 배관 및 덕트 청소 등의 설비 관리를 꾸준히 해왔기에 물리적, 기능적으로는 5년만 경과한 것으로 판단하여 평가할 수 있다.

건물을 감정평가할 때는 단순히 일반건축물대장을 기준으로 경과 연수를 산정하여 건물의 감가상각 금액을 결정하는 것은 아니다. 감정평가사는 건물의 내·외부 관리 상태, 내부 설비의 보수·교체 여부 등을 관찰한 결과 관찰감가법을 병용하는 것이 합리적이라고 판단되는 경우, 감정평가명세표 비고칸에 '관찰감가법 병용'이라고 기재하고 감가하여 평가할 수 있다.

6

감정평가 프로세스

부동산 가치를 판단하는 과정은 음식을 만드는 과정과 유사하다. 음식을 만들 때는 요리에 맞는 재료를 선택하여 손질하고 양념을 선택하고 계량하여 양념장을 만든 후 이를 섞어 조리한다. 그리고 최종적으로 맛을 보고 간이 맞으면 상을 차린다.

이때 시장에서 좋은 재료를 선택하고 손질하는 과정이 중요하다. 가장 기본이 되기 때문이다. 필요한 재료를 선택하고 제대로 손질해야 훌륭한 요리가 나올 수 있다. 감정평가도 마찬가지라서, 재료가 되는 다수의 비교 부동산을 선택하고 비교 요소가 적절한지 선별해야 정확하게 재료를 준비할 수 있다. 재료의 선택과 손질에 해당하는 업무가 대상 부동산에 대한 정보를 현장에서, 사전적으로 수집하고 조사하는 것이다.

다음으로 양념을 선택하여 양념장을 만드는 것은 부동산의 가격 형성 요인을 조사·분석하는 일과 비슷하다. 양념장을 만들 때 요리의 메뉴가 한식인지, 양식인지에 따라 그에 어울리는 양념을 선택하듯이, 부동산의 가격 형성 요인을 분석할 때도 분석의 대상이 주택인지, 상가인지, 토지인지에 따라 그에 맞는 가격 형성 요인을 선택해서 분석한다.

재료를 준비하고 어울리는 양념을 조합하여 양념장을 만든 후 본격적으로 조리하는 단계가 평가 대상에 가격 형성 요인을 반영하여 최종 가격을 산정하는 작업이다. 요리할 때도 어떻게 조리하는지에 따라 맛이 달라지듯, 부동산 가격을 산정하는 작업도 이 단계가 핵심적이다.

요리할 때 최고의 조합을 찾으면서 추가로 조미료를 넣거나 양념을 가감할 필요가 있는데, 부동산 가격을 산정하는 단계도 마찬가지다. 예를 들어 도로에 접한 토지와 도로에 접하지 않은 토지와의 격차를 얼마만큼 반영해야 할지 결정하여 올바르고 공정하게 부동산 가격을 결정해야 하는 식이다.

한편 주거용 부동산인데 무리하게 가격을 높이기 위해 상업용 부동산의 가격 형성 요인을 억지로 대입해서 평가하는 경우 밸런스가 무너져서 올바르지 않은 금액이 나온다. 일반인들은 쉽게 알 수 없겠지만, 감정평가사들은 전문가 집단이니만큼 잘못된 평가로 인한 사고를 막기 위한 보호장치가 있다. 그 보호장치가 감정평가 심사 단계다. 아무리 훌륭한 요리사라도 최고의 음식을 선보이기 위해 본인이 만든 음식을 다시 한번 다른 사람에게 확인받는데, 이는 음식의 품질을 높이기 위한 최종 작업이다. 감정평가법인에서도 부동산 가격의 공정성, 신뢰성, 정확성을 다시 한번 점검하고 가격을 결정하는 과정의 품질 및 품격을 높이기 위해 심사 과정을 거친다.

음식에 관해 미슐랭 가이드가 있다면, 부동산 가격에 대해서는 협회의 심사 가이드가 있다. 이를 통해 전반적인 감정평가서의 품질을 체크하고 등급에 맞지 않는 경우 협회에서 재평가를 의뢰하기도 한다.

필자는 세상에서 최고로 맛있게 음식을 만드는 분이 시어머니라고 생각한다. 그런데 계량기는 쓰지도 않고 심지어 간도 보지 않는다. 감으로 양념을 만들고 손의 감각으로 조물조물 음식을 만들지만, 단연 최고의 요리를 선보인다,

이와 마찬가지로, 부동산업계에서도 부동산 가격에 유독 감각이 좋은 사람들이 있다. 부동산 거래 관행 및 경기 흐름에 능통한 사람이다. 이런 감각은 식당을 하며 산전수전을 거친

시어머니처럼 수십 년간 음식을 연구하고 수많은 경험과 지혜가 차곡차곡 빌드업되었을 때 가능하다. 그런 면에서 요리뿐 아니라 부동산 가격을 결정하는 작업 역시 최고의 창조예술이 될 수 있다고 생각한다.

철저한 사전 조사를 바탕으로 한 가격 형성 요인의 분석은 기본이고, 부동산 경제 흐름과 거래 관행 등에 대한 날카로운 판단과 풍부한 경험이 뒷받침되어야 한다. 일반인이 알 수 없는 신통방통 요소까지 고려하여 부동산 가격을 결정하면 심사와 협회 가이드의 기준을 뛰어넘을 것이고, 최고의 경지에 오른 부동산 감정평가 분야의 달인이라고 할 수 있겠다.

7

트렌드에 맞는 감정평가

부동산은 인간의 삶에 필수적인 의식주 중 마지막에 해당할 뿐 아니라, 가장 매력적인 상품이기도 하다. 부동산은 인간의 모습과 비슷한 면이 있는데, 시대가 변화함에 따라 계속 변화한다는 것이다. 사회에서 성공한 사람은 시간이 지날수록 나이에 걸맞은 인격, 사고, 태도, 지혜를 가지고 꾸준히 변화하면서 본인의 내재적·외재적 가치를 높인다. 과거에는 농지나 임야였던 땅을 벌목하고 절토한 뒤 개발행위허가를 득하여 공장용지가 되어 창고를 지었다가 시대의 흐름에 맞춰 스튜디오 사업 공간으로 변화하면서 가치가 상승한 것과 마찬가지다.

이처럼 부동산의 변화된 모습에 따라 가격 형성 요인은 사회적·경제적·행정적 트렌드의 변화에 맞추어 계속 변화한다. 따라서 감정평가사는 본인이 경험했던 과거의 잣대로만 가격 형성 요인을 결정하는 매너리즘에 빠지면 안 된다. 계속 새로운 지식을 습득하고 자신을 변화시켜 앞으로 다가올 시대의 트렌드에 맞게 가격 형성 요인을 분석하여 적용할 수 있는 능력과 안목을 갖추어야 한다.

예전에는 지식산업센터의 메카라고 하면 서울특별시 구로구·금천구 지역을 떠올렸다. 토지 가격이 저렴하다 보니 지식산업센터는 이 지역을 중심으로 꾸준히 대량으로 공급되었다. 하지만 요즘은 성동구 지역에 신규 공급이 많이 이뤄지고 있다. 그 이유는 무엇일까?

필자는 2018년 단국대학교 부동산대학원 석사 논문 주제로 '서울특별시 소재 지식산업센터의 가격 형성 요인 변화'를 선택하고 연구를 진행하여 석사학위를 받았다. 이 당시 지식산업센터는 부동산 투자 상품 중 수익률이 높아 투자자들의 문의가 상당히 많았다. 필자가 의뢰받은 지식산업센터의 소재지가 전통적인 구로구나 금천구가 아니라 트렌디한 카페와 문화공간이 많아 핫플로 불리는 성동구 지역에 더 많았다는 데 착안한 주제였다.

지식산업센터를 이용하는 소비 주체가 아파트형 공장이라

불렸던 당시에는 제조업을 기반으로 한 근로자들이었지만, 지금은 서비스산업, 4차산업을 중심으로 한 젊은 연령대의 고급 인력이 주를 이룬다. 즉, 우리나라의 산업 트렌드가 제조업에서 서비스업으로 전환되었고 지식산업센터의 임차인 및 이용객 역시 고급 인력으로 변하면서 그들이 선호하는 지식산업센터의 수요 지역이 성동구로 바뀐 것이다.

그렇다면 올해는 어떤 부동산 상품이 핫한 상품으로 자리매김할까? 부동산 시장에서 어떤 소비 트렌드가 형성될지 살펴볼 필요가 있다. 결국 부동산을 이용하는 주체는 사람이므로 부동산을 소비할 구매력이 있는 사람들의 생활양식, 소비 형태, 주거 형태, 업무 스타일 등 라이프 스타일의 변화에 따라 상품이 결정될 것이다.

감정평가사는 부동산업계의 최전선에서 다양한 업종과 협업하며 근무하는 직업이라 부동산 시장의 분위기를 온몸으로 체감한다. 특히 감정평가 업무의 특성상 사업 시행자로부터 부동산 개발 사업을 본격적으로 시작하기 전에 약식으로 사업부지 가격을 검토해달라는 의뢰를 받는다. 과거에 부동산 시장이 상승 국면일 때는 서울뿐 아니라 전국에 있는 다양한 부지를 의뢰받았다.

부동산이 상승 국면일 때와 하락 국면일 때 확연히 의뢰되는 평가 목적도 다르고, 부동산 위치도 다르며, 부동산 유형도 그 모습을 달리한다. 예를 들면 저금리이면서 부동산 시장이 상승 국면일 때는 서울, 인천을 포함한 수도권뿐만 아니라 전국에 있는 아파트 사업 부지가 0순위 검토 대상이었다. 아파트로 사업시행인가를 받고 사업시행자가 예상하는 아파트의 분양 가격도 인근 지역 기준으로 적정하면 토지 감정평가 금액은 사업시행자가 매입한 매매가로 평가되거나 더 높게도 평가되었다. 심사도, 대출도 말 그대로 일사천리였다.

하지만 부동산 시장이 하락 국면인 지금은 지방의 아파트 사업 부지는 사업성이 없다고 본다. 과거의 사업비에 비해 추가적인 금리 인상분과 공사비 상승분이 이미 전체 분양 수입을 초과하기 때문이다. 그나마 수요가 있는 수도권 아파트 사업 부지라도, 사업비가 예전보다 최소 20% 이상 상승했기 때문에 시행 이익 20%를 포기해야지 사업을 이어나갈 수 있는 상황이다.

부동산 시장은 장기간이 걸리는 상품을 다루는 시장이므로 과거에는 옳았던 판단이 지금은 그렇지 않기도 한다. 부동산 경기가 침체되면 은행은 대출을 꺼리고 건설사의 자금난은 가중되며 소비자는 소비심리가 위축되어 부동산 매수가 없다. 그러면 사업시행자는 부동산 사업을 더 이상 진행할 수 없어서 부동산 공급이 제대로 이뤄지지 않는 악의 순환고리가 형성된다. 따라서 이를 막기 위해 금융기관들은 부동산 개발사업 정상화를 위해 민간 펀드를 조성하여 부동산 개발사업의 부실화를 막기 위해 노력하고 있다.

8

감정평가액 밸런싱하기

부동산의 감정평가 보고서를 작성하면서 가장 많이 고민하는 작업이 시산가액을 조정하는 것이다. 시산가액 조정이란 부동산의 3방식을 기초로 산정한 원가 가격, 비준 가격, 수익 가격을 비교, 대조해본 결과 가격의 편차가 있으면 부동산의 유형, 부동산의 거래 관행, 평가 목적 등을 고려하여 시산 가격의 중요도에 따라 가중치를 두어 그 값을 가중 산술 평균 내는 것을 말한다.

예를 들어 평가 대상이 서울 도심권역 내의 오피스 건물이며 평가 목적은 담보 평가라고 가정하자. 원가 가격은 오피스가 위치한 토지 가격과 오피스의 건물 가격을 반영하여 1,000

억 원으로 산정했다. 비준 가격은 대체·경쟁 관계에 있는 유사한 오피스 건물의 최근 거래 사례를 수집하고 가격 형성 요인을 고려하여 1,300억 원으로 평가했다. 마지막으로 수익 가격은 예상 임대료 및 관리비를 고려하여 순수익을 계산하고 이자율 및 인근 유사 오피스 빌딩의 수익 대비 환원 이율 등을 종합적으로 판단하여 1,200억 원으로 평가했다.

오피스 건물은 전형적인 수익형 부동산이지만 원가 가격은 순수 토지와 건물에 투입된 공사 비용만을 고려하여 평가하므로 각종 금융 관련 사업비를 반영할 수 없다는 현실적인 어려움이 있다. 그러므로 원가 가격의 현실적인 한계점을 고려하여 수요자 측면을 고려한 비준 가격과 수익 가격에 가중치를 더 많이 주는 것이 일반적이다. 따라서 원가 가격 10%, 비준 가격 45%, 수익 가격 45%로 가중치를 두어 최종 감정평가 금액을 1,225억 원으로 결정하는 것이 시산가격 조정이다.

시산가격을 조정할 때 적용하는 가중치 비율은 정해져 있지 않다. 최근 오피스의 시장 동향 및 거래 동향, 최근 오피스 시장 참여자의 입찰 적극성 등을 살피고, 감정평가 이론, 그간의 전문가적 경험과 판단력을 종합적으로 고려하여 가중치를 결정한다. 종종 오피스 담보평가서를 확인하고 은행 심사부 담당자가 구체적으로 질문하는 경우가 있다.

① 원가 가격에 대한 가중치 비율이 너무 낮은 것이 아닌가?
② 담보 평가이므로 최종 시산 가격에 보수성 및 환가성을 더 고려해야 하는 것은 아닌가?
③ 은행에서 최근에 검토했던 유사한 오피스 평가 사례의 경우 타 감정평가 법인에서는 원가법에 대한 가중치를 30% 이상 고려했는데 유사한 가중치를 원가 방식에 적용해야 하는 것은 아닌가?

은행 심사자는 부동산을 담보로 한 채권이 부실이 되지 않도록 담당 감정평가사가 부동산을 감정평가할 때 최대한 보수적으로 검토해주길 제안한다. 반면 은행 담당자는 매년 정해진 매출 실적을 달성하고 신용이 좋은 우수한 채무자를 확보해야 하므로, 최대한 적극적으로 검토해달라고 제안한다. 이렇듯 모든 일에는 양면이 존재하므로 감정평가사는 부동산의 시산 가격을 산출할 때 분석의 근거를 충분히 마련해두어야 한다. 또한 최종 결정에는 책임이 따른다.

필자도 감정평가를 하면서 가장 힘들 때가 바로 감정평가 3방식에 의해 산정된 금액의 차이가 너무 클 때다. 보통 물류창고는 도심권이 아니라 토지 가격이 상대적으로 낮고 접근성이 좋은 도심 외곽에 지어진다. 2021~2022년 당시 부동산업계에서 물류창고에 대한 수요가 공급보다 매우 높아서 여주에 위치한 물류창고의 토지와 건물의 원가 가격이 500억 원이었는데, 비준 가격과 수익 가격은 1,000억 원이 산정되어 최종 평가 금액을 결정해야 했다.

이렇듯 시산 가격의 차이가 클 경우, 시산 가격을 재검토해야 한다. 먼저 원가 가격 중 비용 항목으로 누락된 것은 없는지 검토하고, 비준 가격 중 비교 거래 사례의 매매 금액에 부가세가 포함되었는지 다시금 검토해본다. 일반적으로 감정평가서에 작성되는 감정평가 금액은 부가세를 제외한 것인데, 가끔 거래 사례를 비교할 때 부가세를 포함한 금액으로 비교하는 실수를 범하기도 한다. 그리고 수익 가격 중 인근 평균적인 물류창고 임대료 수준이 최근 3년간 얼마나 상승했는지, 또는 물류창고가 아닌 공장으로 이용될 경우 예상 가능한 임대료 수준이 얼마인지 등을 추가적으로 검토한다.

마지막으로 토지가 위치한 여주 지역 물류창고의 시장 상황, 사업시행자의 재무 건전성, 사업시행자의 물류창고 시행 경험, 대출 금액 및 이자율, 사업시행자의 지분 비율 등 당해 개발사업이 정상적인 범위 내에서 진행될 수 있는지까지 고려한 뒤 가중치를 결정한다. 결국 이러한 요인을 종합적으로 고려하여 그때 당시 이 건은 900억 원으로 최종 금액이 결정됐다.

부동산 어플 원씽, '스마트국토정보'

요즘 부동산과 관련된 수많은 어플이 있다. 필자도 새로운 부동산 어플이 나올 때마다 다운을 받아 사용해보았지만 하나같이 만족스럽지 못했다. 게리 켈러가 쓴 『원씽』이란 책에서는 "복잡한 세상을 이기는 단순함의 힘"으로 "단 하나에만 집중하라"라고 말한다.

우리나라 부동산에 대해 가장 자세히 잘 나와 있는 어플이 국토교통부에서 만든 '스마트국토정보'라는 어플이다. 바로 부동산 어플의 원씽이다. '스마트국토정보'는 일필지정보, 국토 이용 분석, 실거래가, 국토 통계 및 대상지의 지번, 지목, 면적, 공시지가에 대한 내용을 제공한다. 국토 통계의 부동산 현황은 2021년 버전이지만, 실거래가는 최신 실거래가를 제공한다. 다만 실거래가에 대한 구체적인 주소까지는 제공되지 않는다.

3장

전격 공개,
부동산 유형별
가격 비밀

1

부동산의 시작과 끝은 아파트

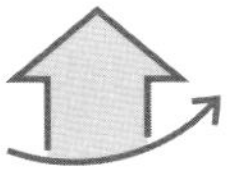

우리나라 부동산 시장에서 아파트는 현금이라고 불린다. 규격화된 아파트는 이용이 편리하고 수요도 많아 거래하기 쉬워서 환가성이 좋다. 따라서 우리나라의 부동산을 대표하는 아파트 가격의 비밀, 즉 가격 형성 요인은 반드시 숙지해야 한다. 부동산은 위치를 바꿀 수 없는 고정성이란 특성을 가지기 때문에 부동산 가격은 지역별로 고유하며 나름의 하위시장을 형성한다. 따라서 아파트는 그 지역의 하위시장별로 가격 형성 요인이 다르게 형성된다.

아파트 가격 형성 요인은 물리적 특성, 단지 특성, 입지적 특성, 환경적 특성, 시간적 특성인 경과 연수의 5가지로 나뉜다. 물리적 특성에는 아파트 평형, 평면 구조, 방 수, 욕실 수, 난방 형태, 용적률 등이다. 예를 들면 소형 평수의 경우 대형 평수에 비해 상대적으로 평 단가가 높게 형성된다. 또한 2베이 구조보다 3베이 구조가 가격이 높고, 편리한 개별 난방 아파트가 중앙집중식 난방 아파트보다 가격이 높게 형성된다.

두 번째 단지 특성으로 단지 규모(세대수), 부대 시설(놀이터, 노인정, 단지 내 상가 등)과의 접근성으로 세분화할 수 있다. 대단지일수록 아파트 가격이 높게 형성되는데, 여기서 아파트 대단지는 업계 관행상 1,000세대 이상 아파트 단지를 의미한다. 단지가 클수록 주민 편의 시설, 공원 및 녹지 조성, 주변 초·중·고등학교 등 다양한 서비스를 제공받을 수 있고, 이런 주거 편의성은 고스란이 아파트 가격에 반영된다. 또한 브랜드 아파트가 신축되면 자연스럽게 그 지역에 상권이 발달하고 그 덕분에 아파트의 인지도와 가격이 상승하면서 그 지역의 대장 아파트로 인식된다. 한편 노후화된 대단지 아파트는 인동 간격이 좁아 일조권 및 프라이버시 문제가 발생할 수도 있고, 서비스 시설 및 관리 상태도 안 좋을 수 있다.

아파트 브랜드가 아파트 가격에 미치는 영향을 분석한 논문에 의하면, 브랜드에 따라 평형별 아파트 가격이 5~15% 차이가 난다고 한다. 가격 차이가 발생하는 이유가 브랜드 이미지 및 연예인 광고·홍보 효과뿐만은 아니다. 브랜드에 따라 차별화된 아파트의 평면 구조와 신기술을 활용한 시공 공법을 설계에 반영하고 그들만의 특화된 커뮤니티를 조성하기 때문이다. 다만 지역별로 조성된 커뮤니티의 특화성은 정도의 차이가 있기 때문에 꼭 임장을 할 필요가 있다.

세 번째 입지적 특성은 학군, 역세권 여부, 대중교통의 종류, 주변 상권 형성 정도, 백화점·시장·병원 등 주변 편의 시설과의 접근성, 혐오시설 근접 여부 등으로 세분화할 수 있다. 입지적 특징 중 아파트 가격에 가장 영향을 미치는 것이 학군, 역세권, 편의 시설 여부다. 아파트를 분양할 때 가장 많이 분양 문구로 초역세권, 명문 학군·학원가를 언급하는 것을 고려하면 학군과 역세권 여부는 매우 중요한 가격 형성 요인이라 볼 수 있다.

우리나라 교육열은 세계 최고 수준이다. 그래서 강남 8학군은 강남 3구 아파트 가격을 서울의 어떤 아파트보다도 한 단계 더 높게 형성시키는 치트키로 작용했다. 그 외에도 백화점, 대형 마트, 재래시장, 대학병원, 관공서, 공원 등 편의 시설은 가까울수록 장례식장, 쓰레기 소각장 등은 멀수록 아파트 가격이 높게 형성된다.

다섯 번째 환경적 특성은 아파트 방향, 조망, 층간소음, 프라이버시, 지역 범죄율 등을 들 수 있다. 아파트는 방향에 따라 일조 시간 및 실내 온도가 크게 차이가 나서 주로 남향을 선호한다. 또한 한강 조망, 산 조망, 공원 조망 등 영구 조망이 확보되어 있는지도 중요하다.

마지막으로 아파트 가격 변화에 영향을 미치는 변수는 경과 연수다. 일반적으로 건물은 시간이 지날수록 가격이 하락한다. 건물은 상각자산이기 때문이다. 하지만 아파트의 경우 신축 시점부터 시간이 지날수록 가격이 떨어지다가 주택 재건축을 할 수 있는 시점이 오면, 특히 재건축 사업성이 높은 아파트 단지의 가격은 크게 오르는 특징이 있다.

2023년 9월, 강남 재건축의 상징이라고 불리는 4,424가구 규모의 강남구 대치동 은마아파트는 주택재건축정비사업을 추진한 지 자그마치 27년 만에 조합 설립 인가를 받았다. 조합 설립 인가를 받았다는 기사로 은마아파트의 거래 금액이 6억 원 이상 상승했다는 기사가 검색될 정도다. 그렇다면 노후화된 아파트는 언제 가격이 상승할까?

노후화된 아파트는 은마아파트처럼 주택재건축정비사업을 통해 재건축된다. 주택재건축정비사업은 여러 단계를 거쳐 진행되는데, 아파트 가격이 가장 많이 오르는 시점은 두 군데다. 첫 번째 포인트는 조합 설립 인가 단계이고, 두 번째 포인트는 사업 시행 인가 단계다. 조합 설립 인가를 득했다는 의미는 "이제 주택 재건축이 조합을 통해 정식으로 진행될 예정이다"라는 메시지다. 또한 사업 시행 인가를 득했다는 의미는 주택을 재건축하기 전 오래된 아파트인 종전자산과 주택 재건축을 하고 난 후 신축된 아파트인 종후자산의 가치를 대략적으로 파악하여, 재건축사업에 참여하는 주민들에게 대략적인 분담금을 알려주고 주택재건축사업을 더 확실하게 진행하는 단계이므로 이때 가격이 한 번 더 상승한다.

2

아파트 상가의 이모저모

부동산 중 구분상가는 입문자가 접근하기 어려운 상품이다. 부동산 인근 지역에 상권이 형성되고 이동하면서 상가의 가격이 끊임없이 변화하고, 거래할 때도 상가 자체의 가격은 물론이거니와 권리금을 포함하여 거래하기도 해서 거래 금액이 정형화되어 있지 않기 때문이다. 또한 구분상가의 경우 층수, 방향, 엘리베이터와 출입구 위치에 따라 가격이 천차만별로 형성되어 있어 매매나 임대계약 체결 시 주의해야 한다.

그렇다면 구분상가에서 입문자가 접근하기 쉬운 상품은 없을까? 그것은 바로 아파트 상가다. 아파트 단지 내 상가는 아파트와 함께 지어지는 상가로 아파트 주민으로 구성된 기본적인 수요층을 이미 확보하고 있기 때문이다. 하지만 수요의 확장성 측면에서는 한계가 있기 때문에 아파트 상가는 다른 테마상가에 비해 단위면적당 가격 수준이 낮다.

아파트 상가를 살펴볼 때 체크할 내용은 크게 위치, 전용률, 층별 효용, 임대료다. 먼저 아파트 상가의 위치는 주로 단지 접면 또는 후면 출입로 쪽인데, 이는 입주민들은 물론 외부인들도 자유롭게 이용하게 하기 위해서다. 우리나라 아파트는 주로 평지보단 완경사 지대가 많은데, 여기에 아파트 상가가 건축되면 같은 층이라도 보는 각도에 따라 지하층이 되거나 1층이 되기도 한다. 그러므로 아파트 상가를 감정평가할 때 집합건축물대장에서는 지하 1층으로 표기되어 있지만, 현황상 1층인 경우가 발생한다.

예를 들어 서울특별시 중랑구 면목동에 위치한 아파트 상가동 제지1층 제107호를 평가해보자. 집합건축물대장 및 등기사항정부증명서를 보면 제지1층이라고 기재되어 있지만 지하라고 판단하면 안 된다. 층수를 정하는 기준면은 주된 접면 도로가 있는 토지다. 즉, 토지가 완경사지인 경우 주 접면 도로가 있는 토지면을 기준으로 그 표면 아래에 위치하면 지하층이고 그 표면 위에 있으면 지상층이다.

두 번째로 아파트 상가에서 중요한 것이 전용률이다. 전용률이란 공급면적 대비 전유면적의 비율을 말한다. 전유면적이란 사용자가 실제로 사용하는 면적이고, 공용면적이란 복도, 계단실, 주차장 등이다. 공급면적은 전유면적과 공용면적을 더한 것이다.

보통 아파트 상가의 전용률은 70~80% 내외이며, 쇼핑몰과 테마상가는 전용률이 50~60%가 일반적이다. 그렇다면 전용률이 높은 상가일수록 가격이 높게 형성될까? 꼭 그렇지는 않다. 전용률이 높으면 상대적으로 공용면적이 줄어들기 때문이다. 특히 학원, 부동산, 편의점이 주로 입점하는 아파트 상가는 전용률이 높다는 장점이 있지만, 상대적으로 공용면적이 작아서 복도, 계단실이 좁아 이용객들은 다소 불편할 수 있다.

대형 쇼핑몰의 경우 건물 규모가 크고 전용률은 아파트 상가에 비해 상대적으로 낮다. 하지만 아파트 상가에 비해 절대적인 전유면적이 크고 복도, 통로, 엘리베이터의 크기 및 개수, 주차장 등 넉넉한 공용면적이 확보되므로 유동 인구 및 적재물의 이동이 쉽다. 이는 가격 상향 요인이 된다.

그러므로 아파트 상가를 감정평가하기 위해서 유사한 아파트 상가를 비교 사례로 선택해야 한다. 인근에 비교할 만한 사례가 없다고 해서 쇼핑몰 상가를 비교 사례로 선택하여 비교하는 것은 올바른 평가라고 볼 수 없다.

세 번째는 아파트 상가의 층별 효용이다. 아파트 상가에 입점한 업종은 1층은 주로 공인중개사 사무소, 치킨집, 카페 및 베이커리 등이 주를 이루고 2층은 식당, 미용실, 보습학원 등이 위치한다. 1층 상가는 단위면적당 매출 회전율과 매출 단가가 높으며 공간을 많이 차지하지 않는 업종이 주를 이룬다. 반면 2층 상가는 일정한 공간과 규칙적인 방문이 필요한 업종이 주를 이룬다.

상가는 1층 단위면적당 가격과 2층 단위면적당 가격이 다르다. 층수에 따른 효용이 달라서 입점하는 업체도 달라지고, 그에 따라 월세 및 가격도 다르게 형성되기 때문이다. 그러면 1층에 비해 2층의 가격은 얼마나 낮게 형성될까? 상가의 위치와 상권에 따라 천차만별이지만, 중랑구 면목동 아파트 상가의 경우 인근 아파트 거래 사례 및 임대료를 조사해본 결과 1층 대비 2층의 격차율은 대략 60%였다. 감정평가사들은 이런 격차율을 층별 효용비라고 한다. 즉, 1층 층별 효용비가 100이면 2층 층별 효용비는 60인 셈이다.

아파트 상가가 아닌 백화점의 경우 1층의 층별 효용비가 100이라면 2층의 층별 효용비는 얼마일까? 일반적으로 백화점은 1층 대비 2층의 층별 효용비는 30~40 정도라고 판단한다. 백화점과 같은 대형 쇼핑몰은 1층의 매장 수입이 전체 매장의 절반을 차지할 정도로 1층의 역할이 상당히 중요하다. 이처럼 상업용 건물이라 하더라도 아파트 상가, 쇼핑몰, 백화점과 같은 유형별로 층별 효용비가 다르게 형성된다.

마지막으로 아파트 상가의 임대료를 살펴보자. 사실 임대료만큼 비밀스러운 자료는 없으며 임대인과 임차인 간의 계약관계에 따라 사정이 개입되기도 하고 합리적인 의사에 의해 적정 임대료가 형성되기도 한다. 그런데 상가의 적정 임대료 기준은 있을까? 서울시는 상가 점포의 공정한 임대료를 제공함으로써 임대인과 임차인의 다툼을 사전에 방지하고 임대료 의견 차이로 인한 분쟁을 합리적으로 해결하기 위해 서울시 공정임대료 제도를 2020년 4월부터 운영한다. 현재 각 지역별 임대차분쟁조정위원회 사무국에서 관할하고 있으며, 임대료 분쟁 시 실무 경험이 풍부한 감정평가사가 주변의 임대 사례, 권리관계, 상권, 매출액 변동 등을 분석해 공정 임대료를 산정하고 이를 분쟁조정에 활용한다.

3

숙박시설은 은밀하고 치밀하게

부동산 중 숙박시설은 건축법 시행령 별표1 제15호에 따르면 일반숙박시설, 생활숙박시설, 관광숙박시설, 다중생활시설 및 기타로 분류된다. 일반숙박시설은 여관, 여인숙, 모텔, 호텔 등 취사가 불가능한 시설이고, 생활숙박시설은 레지던스라고 하는 숙박과 주거를 혼합한 개념으로 호텔, 오피스텔의 장점을 반영하여 숙박, 취사, 세탁 등이 가능한 시설이다. 관광숙박시설은 호텔과 휴양 콘도미니엄으로 구분되는데, 숙박과 취사에 적합한 시설을 갖추어 관광객에게 제공하거나 숙박에 딸린 취사·운동·오락·휴양·공연 또는 연수에 적합한 시설 등을 갖춘 시설을 말한다. 숙박시설 중 다중생활시설은 바닥 면적 합계가 500㎡ 이상인 고시텔을 말한다. 고시텔은 개별 욕실과 취사 시설이 없고, 공동으로 사용한다. 일반적으로 말하는 고시원은 제2종 근린생활시설 중 다중생활시설로, 바닥 면적 합계가 500㎡ 미만인 것으로 구분해야 한다. 대개 1평도 안 되는 공간에 침대와 책상만 있고, 방음 및 화재 예방에도 취약하다.

숙박시설은 일상생활에서 자주 보는 시설이지만, 위락시설과 더불어 건축물 용도 중 가장 강하게 통제받는 시설이다. 숙박시설은 주거와 교육 환경에 부정적인 영향을 미치기 때문이다. 따라서 허가 가능한 지역이 대부분 상업지역이고, 예외적으로 준공업지역, 자연녹지지역, 계획관리지역에도 건축할 수 있다. 가끔 국도변에 주거지역과 아주 동떨어진 곳에 모텔이 있는데, 이는 자연녹지지역, 계획관리지역에도 모텔의 건축 허가가 가능하기 때문이다.

일반숙박시설을 대표하는 시설은 모텔이고, 감정평가사가 모텔을 분석할 때는 리모델링 여부, 신축 모텔과 구축 모텔의 접근 방식, 비용으로 역추정하는 매출 분석, 달관법을 활용한 가격 추정을 중심으로 검토한다.

감정평가사는 토지·건물 형태로 구성된 모텔을 평가할 때 토지는 상업용 토지 가격 수준으로 검토하고, 건물은 철근콘

크리트 구조의 건물 공사비를 적용해서 원가 가격을 산정한다. 모텔은 수익성 부동산이므로 단순히 비용만이 아니라 모텔 매출과 비용을 분석한 수익 가격과 더불어 합리성을 검토한 후 최종 가격을 결정한다.

모텔 감정평가 시 확인해야 할 첫 번째는 리모델링 여부, 시기, 금액이다. 모텔은 유행에 민감해서 최소 3~5년마다 트렌드를 고려한 인테리어 및 익스테리어 리모델링 공사가 필요하다. 따라서 리모델링 공사가 언제 이뤄졌는지, 금액은 얼마인지 확인하고, 실무적으로 건물의 노후화 정도를 고려하여 리모델링에 투입한 공사비의 70~100% 수준으로 평가 금액에 반영한다.

다음은 신축 모텔과 구축 모텔의 접근 방식을 유의해야 한다. 신축 모텔의 경우 토지는 토지대로 적정 수준의 감정평가 금액을 산정하고, 건물은 신축이므로 도급 공사비를 고려해서 최대한으로 평가한다. 다만 신축 모텔은 매출이 거의 없으므로 수익을 검토하기 어렵다. 이런 경우 수익성 부동산이지만 수익 가격에 의한 합리성을 검토하지 못한 채 원가 가격을 기준으로 가격을 결정한다. 실무적으로 이런 모텔은 실질적인 가치보다 다소 높게 평가될 우려가 있다. 따라서 수익 자료가 없다면 유사 신축 모텔의 매출 자료를 활용해서 수익 가격을 예상한 후 최종 가격을 결정한다.

한편 구축 모텔은 노후화 정도에 따라 건물이 감가되어 건물 가격이 떨어진다. 특히 도심 외부에 위치한 모텔은 전체 모텔 가격 중 건물 가격 비율이 높아서 건물 가격이 떨어지면 전체 모텔의 가격도 많이 떨어져 원가 가격이 매우 낮게 평가된다. 반면 오래된 모텔은 입소문이 나서 매출이 좋고 유지 관리 비용은 낮아서 수익 가격은 높게 형성될 수 있다. 실무적으로 이런 경우는 모텔의 실질적인 가치보다 다소 낮게 평가될 우려가 있다. 따라서 시산 가격을 조정할 때 수익 가격에 비중을 많이 주어 최종 가격을 결정한다.

세 번째는 매출 자료 등이 수집이 안 되는 경우 비용으로 대처해야 한다. 모텔을 수익 가격으로 산정하기 위해서는 최근 3개년 매출 자료, 영업 경비 등 매출과 관련된 자료가 필요하다. 특히 업종 특성상 현금 수입이 많기 때문에 카드 매출 자료는 물론이고 모텔 관계자가 작성한 현금 장부도 필요하지만 협조가 잘 안 된다. 그래서 실무적으로는 비용을 역추정해서 모텔의 매출을 계산한다. 모텔의 경우 대실 또는 숙박이 이뤄질 때마다 고정적인 세탁비와 수도세 등이 든다. 따라서 반드시 지불되는 비용인 세탁비, 수도세, 전기세를 기준으로 매출을 역추정하여 대략적인 모텔의 매출액을 추정하기도 한다.

마지막으로 달관법을 활용한 모텔의 감정평가 방식이다. 모텔을 감정평가할 때 감정평가보고서에 기재하지 않지만, 자체적으로 모텔의 가격 수준을 검토하기 위해 달관법을 활용한 거래 사례 비교법도 사용한다. 구체적으로 모텔의 위치가 수도권인지 지방인지, 신축인지 구축인지 등에 따라 방마다 가격대가 형성된다.

이론적으로는 거래 사례 비교법을 적용하기 위해 유사한 모텔의 거래 가격을 수집해 모텔의 위치, 매출 자료 및 비용 자료, 내부 편의 시설 상태, 객실 이용률(회전율) 등을 상세히 비교 검토하여 모텔의 가격을 산정한다. 하지만 현실적으로 모텔의 가격 비교 항목은 대부분 모텔의 영업 비밀이므로 정확한 정보를 수집하기 어렵다. 따라서 숙박시설을 감정평가하는 경우 정보 수집은 은밀하고 치밀하게, 의뢰인과 보이지 않게 밀당하면서 고급 정보를 획득하는 노하우가 필요하다.

4

과거를 기초로 미래를 향해 도전하는 개발 후보지

부동산으로 돈을 벌기 위해서는 시세보다 땅을 최대한 저렴하게 사면 된다. 성공한 사업시행자는 상대적으로 가격이 저렴한 농지와 임야를 주변 시세보다 더 싸게 사서 그 토지를 공장이나 창고로 개발한 후 매각하여 수익을 실현한다. 하지만 모든 농지와 임야가 개발 후보지가 될 수는 없다.

우리나라 헌법 제121조에는 "국가는 농지에 관하여 경자유전의 원칙이 달성될 수 있도록 노력해야 하며, 농지의 소작제도는 금지된다"라고 규정하고 있다. 「농지법」도 "농지는 자기의 농업경영에 이용하거나 이용할 자가 아니면 소유하지 못한다"라고 규정한다. 즉, 식량의 원천인 농업을 보호하기 위해 국가에서는 농지에 대해 엄격히 규정한다.

따라서 농지는 아무나 살 수 없고 농지취득자격증명이 있어야 농지를 취득할 수 있다. 농지 중 용도지역이 주거지역, 상업지역, 공업지역에 위치한 농지는 농지취득자격증명이 없어도 살 수 있다. 이런 농지는 농업을 위한 농지가 아니라 미래에 개발이 전제된 개발 후보지의 역할을 한다고 국가에서도 인정하기 때문이다. 하지만 이런 지역에 있는 농지는 가격이 비싸다.

농지를 개발하기 위해 지불해야 하는 비용 중 가장 큰 부분을 차지하는 것이 토목공사 비용과 행정 비용이다. 토목공사의 난이도와 비용은 농지의 경사도와 도로와의 높낮이 등에 따라 달라진다. 일반적으로 농지는 도로보다 낮은 위치에 있어 성토해야 하는 경우가 많고 이 경우 지반의 단단함을 한 번 더 체크해야 한다.

행정 비용 중 가장 큰 부분은 농지보전부담금이다. 이는 국민 식량 공급의 기반인 농지를 대체 조성할 비용을 마련하기 위한 부과금으로, 개별공시지가의 30%이며, 50,000원/m^2가 상한이다. 예를 들어 농지의 개별공시지가가 180,000원/m^2인 경우 농지보전부담금은 개별공시지가의 30%인 60,000원/m^2가 아니라, 상한인 50,000원/m^2가 되는 것이다.

「농지법」 제38조 제2항에 의하면 개인의 경우 농지보전 부담금이 건당 2천만 원 이상인 경우 분할 납부할 수 있는데, 30%를 농지전용허가 전에 납부해야 한다. 나머지 잔액은 4년 내에 4회 이내로 나누어 납부할 수 있다. 하지만 목적 사업의 준공일 전에 최종적으로 납부해야 한다.

임야는 농지와 달리 아무나 살 수 있다. 과거에는 임야 매매 증명이 있어야 임야를 살 수 있었는데, 1997년에 폐지되었다. 기획부동산 대상인 토지는 임야가 많았고, 비슷한 시기에 무분별한 임야 투기를 근절하기 위해 「산지관리법」이 등장했다. 이 법에서는 전국의 산지를 보전산지와 준보전산지로 구분하고, 보전산지는 다시 공익용 산지와 임업용 산지로 나뉜다. 실제로 은행에서는 토지가 공익용 산지와 임업용 산지와 같은 보전산지일 경우 담보대출을 해주지 않는다. 환가성뿐 아니라 개발 가능성이 낮아서 면적이 아무리 커도 은행에서는 돈을 빌릴 수 없는 것이다. 다만 보전산지에서도 농림어업인이 소유한 임야에서 농림어업을 하기 위해 실제 거주하는 공간을 660㎡ 미만으로 건축할 수 있다.

개발 가능한 임야는 농지와 마찬가지로 개발행위허가를 받아야 하며 대체산림자원조성비를 지불해야 한다. 대체산림자원조성비는 국토 전체의 산림 보전을 위해 산지를 보충하는 의미로 비용을 징수하는 것으로, 숲 가꾸기 비용 및 산림이 가지는 공익적 가치, 해당 산지의 개별공시지가 등을 고려하여 매년 산림청장이 결정한다. 2023년 1월 17일, 산림청 고시 2023년 대체산림자원조성비 부과 기준에 의하면 부과 금액은 산지별, 지역별 단위면적당 산출 금액에 개별공시지가의 1,000분의 10을 더한 금액으로, 앞서 검토한 농지보전부담금에 비해 현저히 낮다. 하지만 대체산림자원조성비는 분할 납부가 되지 않는다.

개발행위허가만 득한 농경지와 임야를 감정평가하는 데는 두 가지 접근 방식이 있다. 예를 들면 평가 대상 토지가 공장지대 내에 위치하고 현재 개발행위허가만 득한 상태라고 하자. 첫 번째 평가 방식은 개발행위를 완료했을 때 이용 상황인 공장용지를 기초로 부동산의 미성숙 정도를 고려하여 완료된 토지 가격에서 비용을 공제하는 방식이다. 두 번째 평가 방식은 개발행위를 하기 전의 상태인 농경지 또는 임야를 기초로 부동산의 성숙 정도를 고려하여 소지 상태의 토지 가격에 비용을 가산하는 방식이다.

공제 방식의 경우 개발행위로 아직 현실화되지 않은 개발이익을 토지에 반영하므로 높은 가격에 평가될 수 있다는 단점이 있다. 따라서 현재는 가산 방식을 기준으로 한 평가서만 담보 평가에서 인정한다. 다만 가산 방식의 경우 개발하기 전의 임야 가격이 너무 낮게 형성되어 있다면 이를 정상적인 개발 후보지 가격까지 끌어올리기 위해 비정상적인 요인을 적용해야 하는 현실적인 어려움이 따른다.

5

도로의 변신은 무한대

부동산으로 성공한 사람들은 부동산에서 가장 중요한 요소가 위치라고 말한다. 부동산에서 위치 다음으로 중요한 것은 도로다. 특히 토지는 도로와 결코 떼어놓을 수 없다. 도로에 면하지 않은 토지는 맹지이고, 맹지는 맹인과 마찬가지로 앞을 내다볼 수 없는 땅이기 때문이다.

맹지는 도로에 면하지 않아서 가격이 낮다고 한다면, 반대로 지적도상 도로가 아주 넓은 왕복 6차선 고속도로에 접한 토지는 가격이 매우 높다고 생각할 수 있다. 하지만 그렇지 않다. 기본적으로 감정평가에서 판단하는 도로는 인도와 차도를 포함한 도로를 의미한다. 따라서 고속도로는 사람이 다니는 인도를 포함하지 않고 차도만 있으므로, 토지를 판단할 때 도로에 면한다고 보지 않는다.

보행과 자동차 통행이 가능한 너비 4미터 이상인 도로에 바로 면한 토지를 전면부 토지라 하고, 도로 후면에 면한 토지를 후면부 토지로 구분한다. 접면부 토지의 경우 가시성이 좋아서 유동 인구 접근성이 높고 임대료도 높게 형성되므로 주로 상업용 부동산으로 활용된다. 하지만 후면부 토지는 상대적으로 접근성이 떨어지므로 가격이 낮게 형성되어 주로 주거용 부동산으로 활용된다.

도로에서 가장 중요한 것은 도로에 면한 전면부 토지와 도로에 면하지 못한 후면부 토지의 가격이 얼마나 차이나는가 하는 점이다. 당연히 토지 위치별로, 용도지역별로, 거래 관행별로 천차만별이다. 그러나 용도지역에 따라 어느 정도 정형화할 수 있다.

먼저 용도지역이 상업지역이면서 상권이 성숙한 경우 전면부 토지가 100이라면 후면부 토지가 40~60 정도에 형성된다. 상권이 성숙한 지역일수록 전면부 토지에 대한 임대 수요가 꾸준하여 후면부에 비해 전면부의 토지 가격이 높게 형성된다. 반면 용도지역이 주거지역이면서 상권이 거의 없는 경우 전면부 토지가 100이면 후면부 토지는 70~80 정도에 형성된다. 주거지역은 상업지역에 비해 유동 인구가 적고 주거지의 효용은 수익성이 아닌 쾌적성에 의해 결정되므로 후면부 토지에 대한 수요가 상업지역보다 상대적으로 높다고 판단할 수 있다.

다음으로 중요한 것은 감정평가사들이 도로의 가격을 산정하기 위해 도로를 판단하는 방법이다. 도로법 제10조에 의하면 도로의 종류와 등급은 고속국도, 일반국도, 특별시도, 광역시도, 지방도, 시도, 군도, 구도로 나눈다. 하지만 감정평가사들이 도로의 가격을 산정하기 위해 도로를 분류하는 기준은 도로 개설 목적, 개설 경위다.

즉, 토지 소유자 등이 자기 토지의 이익 증진을 위해 스스로 개설한 도로인지, 아니면 국가나 지방자치단체가 공익 목적으로 개설한 도로인지 구분해서 판단해야 한다.

첫 번째로 토지 소유자 등이 자기 토지의 이익 증진을 위해 스스로 개설한 도로의 경우 사도법상 사도와 사실상의 사도로 구분한다. 사도법상 사도란 사도법 제2조에 규정되어 있으며, 대체적으로 도로법 제2조 제1호에 따른 도로, 도로법의 준용을 받는 도로가 아닌 것으로, 그 도로에 연결되는 길을 말한다. 사도법상 사도는 주무관청의 허가를 받아야 하는 등의 의무가 따르는 법정도로다. 반면 사실상의 사도는 도로 개설 당시의 토지 소유자가 자기 토지의 편익을 위해 스스로 설치하고 토지 소유자가 그 의사에 따라 타인의 통행을 제한할 수 없는 도로를 말한다. 사실상의 사도는 사도법상 사도와 달리 법정도로가 아니다.

구체적인 도로의 평가 방법은 사도법상 사도는 인근 토지에 대한 평가 가격의 5분의 1 이내로, 사실상의 사도는 인근 토지에 대한 평가 가격의 3분의 1 이내로 평가한다. 이렇게 도로의 가격을 평가하는 이유는 도로의 가치가 그 도로의 편익을 받는 인근 토지의 가격에 화체가 되었다고 보기 때문이다.

두 번째로 국가나 지방자치단체가 개설한 공도 등 도로부지를 평가할 때 접근 방식이다. 예를 들어 사업시행자가 아파트 사업을 하는 경우 그 사업 구역 내에 포함된 국가 소유와 지자체 소유의 도로를 사업시행자에게 매각하기 위해 평가를 의뢰받았다고 하자. 이때 도로의 가격은 어떤 기준으로 평가해야 할까? 국가 역시 국가가 스스로 개설한 토지라고 보고 인근 토지의 3분의 1 이내 또는 5분의 1 이내로 평가해야 할까? 그렇지 않다.

기본적으로 공도는 도로망의 정비를 위해 불특정 다수의 공익을 목적으로 설치되었고 일반공중의 교통에 이용되며 공공성을 지니고 있으므로 공도의 가치가 인근 토지에 화체되었다고 볼 수 없다. 또한 현실적으로 국가나 지방자치단체가 공도를 조성하기 위해서는 먼저 도로개설구역을 지정한 후 도로 사업에 편입된 개인 소유 땅에 적정한 보상금을 주고 수용한다. 그 후에 도로 포장비 등 추가 예산을 들여 공도를 조성한다. 따라서 공도를 감정평가할 때는 인근 토지의 3분의 1 이내가 아니라, 도로의 형상이 길쭉한 직사각형 모양인 점을 고려하여 형상 감가를 하되 인근 토지의 75~85% 수준으로 평가한다.

한편 담보 평가에서는 지목이 도로이거나, 도로가 아니면 현황이 도로로 이용되는 경우에 평가에서 제외한다. 도로의 가치가 없어서가 아니라 금융기관에서 담보로 취급하지 않기 때문이다. 금융기관에서는 채권의 안전성을 위해 돈을 빌려줄 때 담보로 잡는 부동산의 환가성을 제일 먼저 고려하는데, 도로는 환가성이 낮다.

6

강남의 중심 최고의 프라임 오피스, 센터필드

1997년 외환위기를 계기로 금융시장의 개방이 가속화되었다. 부동산이 단순히 보유하는 것이 아니라 본격적인 투자의 대상으로 인식하면서, 국내외 자산운용회사, 부동산 리츠회사, 국내 투자기관에서는 부동산 중 오피스 빌딩을 가장 선호했다. 수익형 부동산이면서도 상업시설에 비해 안정적인 현금 흐름을 창출하기 때문이다.

오피스는 업무 활동이 가능한 사무용 건축물이라는 뜻으로, 일반적으로 사무 업무가 행해지는 건물이다. 오피스의 등급을 프라임급, A등급, B등급, C등급으로 나누는데, 구분하는 기준은 오피스 임대료, 건축 연면적, 대중교통과의 접근성, 건

과거 르네상스

현재 센터필드

출처: 구글

물의 인지도 및 마감 상태, 쾌적성, 서비스 수준, 관리 상태로 세분화된다.

오피스 시장을 대표하는 서울 오피스 시장은 크게 3개 권역과 기타 지역으로 구분할 수 있다. 3개 권역은 종로와 을지로 일대인 도심권, 테헤란로를 중심으로 한 강남권, 여의도와 마포를 중심으로 한 여의도권으로 나뉘며, 3대 권역 이외의 서울 지역을 기타 지역으로 구분한다. 이외에도 분당권(판교)은 서울 오피스 시장에 포함되지 않지만, 서울시 오피스 빌딩의 수요를 일부 대체하고 있어서 3대 권역과 더불어 중요하게 인식되고 있다.

구체적으로 도심권은 Central Business District(C.B.D)로 서울특별시 중구, 종로구 일대의 업무 지구다. 이 권역의 특징은 정부 기관, 공공기관을 중심으로 대기업 본사뿐만 아니라 다국적 기업 및 금융기관, 언론사 등이 많이 분포하고 있으며 문화, 정치, 경제의 중심이라고 말할 수 있다.

강남권은 Gangnam Business District(G.B.D)로 서울특별시 강남구, 서초구 일대의 업무 지구다. 이 권역의 특징은 스타트업, IT기업, 대기업이 주를 이루고 강남역에 대한 접근성 등 대중교통 편의성이 우수하여 인재 영입에 유리하며 현재 3대 오피스 권역 중 공실이 제일 낮다.

여의도권은 Yeido Business District(Y.B.D)로 서울특별시 여의도 및 마포구 일대의 업무 지구다. 이 권역은 금융감독원, 한국거래소, 증권사 본점, 은행, 자산운용사 등 금융기관들이 주를 이루어 서울의 맨해튼이라고 불린다. 국회의사당역 주변으로는 방송사 및 일반 기업도 많이 입주해 있다.

2021년 초 완공된 강남권역의 센터필드는 과거 르네상스 호텔 부지에 새롭게 들어선 최고의 프라임급 오피스 빌딩으로 2동으로 건축되었고, 지하 7층, 지상 36층, 연면적 72,373평에 달한다. 컨퍼런스룸, 오픈 라운지, 피트니스 시설 등과 테헤란로에서 유일하게 3,000여 평 규모의 대형 녹지 공간이 조성되어 있다. 현재 조선호텔앤리조트의 조선팰리스호텔(5성급)과 여러 판매 시설, 신세계 계열사와 IT 기업 등이 입주해 있다. 필자는 이와 관련하여 2017년 르네상스 호텔이 멸실되기 전에 이지스자산운용으로부터 조건부 감정평가를 의뢰받았다. 감정평가 내용은 센터필드가 준공될 미래를 기준으로 준공 후 가치를 산정해달라는 것이었다. 그 당시 준공되지 않은 미래의 오피스 가격을 산정하는 작업은 애로 사항이 많았다. 감정평가서를 작성하는 시점은 2017년이지만, 감정평가의 기준시점은 준공 후인 2021년이라서 2017년부터 2021년까지 강남권 오피스 시장 가격과 임대료가 얼마나 상승할지, 공실률은 얼마나 될지, 객관적인 자료를 바탕으로 타당한 수치를 적용하여 평가해야 하기 때문이다.

평가 방법을 간략하게 언급하자면 2021년 조건부로 센터필드의 시장가치를 산정하기 위해 원가 방식, 비교 방식, 수익 방식의 3방식을 활용하여 검토했다. 먼저 부지 매입비, 건물 신축 공사비 및 금융 비용 등 사업 비용 등 원가 측면을 고려하고, 2017년 당시 강남권역에 위치한 오피스의 거래 및 평가 사례 등을 감안한 비준가격을 검토했으며, 본건과 유사한 오피스의 임대료와 관리비 및 환원이율을 고려한 수익가격을 분석한 후 3년 후 강남권 오피스 시장 전망까지 추가적으로 예상한 뒤 최종적으로 2조 4천억 원으로 결정했다.

7

토지 가치 밸류업, 물류창고

몇 년 전까지만 해도 전자상거래업의 발달로 인한 물류 시스템의 확장에 힘입어서 부동산 투자의 대표적인 효자상품이 바로 물류창고였다. 이는 「물류시설의 개발 및 운영에 관한 법률」 제2조에 정의되어 있다. 참고로 물류센터라는 용어는 법에는 규정되어 있지 않지만 현업에서는 규모가 좀 더 크고 저비용, 고효율의 첨단 시설을 갖춘 창고를 말한다. 하지만 2022년 이후로 부동산 경기가 하락하면서 공사비 및 금융비 상승 등으로 사업성이 낮아졌다. 그중에서도 특히 물류창고가 큰 타격을 입었다. 왜 다른 부동산에 비해 더 큰 타격을 입었을까?

물류창고는 다른 부동산에 비해 수익률이 높고 단기간에

토지를 밸류업할 수 있어서 자산운용사를 중심으로 물류창고의 공급량이 많아졌다. 상대적으로 수익률이 더 높은 저온 물류창고의 공급량이 늘면서 물류창고의 가격은 물류창고의 매수자 또는 임차인, 즉 화주(화물의 주인)의 입김이 크게 작용했다. 그런데 화주가 코로나에 직격타를 입으면서 물류창고의 임대나 매매를 적극적으로 하지 않음에 따라 저온 물류창고 시장을 중심으로 상황이 악화되었다.

그러나 여전히 경부선 라인 근처이면서 접근성이 좋은 물류창고는 화주들의 임대 및 매매 수요가 있다. 또한 공급이 제대로 이뤄지지 못하는 지방은 수도권이 아닌데도 수도권과 비슷한 수준의 임대료가 형성되어 있다.

감정평가사들이 물류창고를 평가할 때는 물류창고의 분류(규모별, 하위 시장별), 물류창고의 종류, 물류창고의 가격 형성요인을 검토해야 한다. 종합 부동산 서비스 기업인 젠스타메이트와 물류 부동산 컨설팅 기업인 메이트플러스의 물류 시장 조사 자료에 의하면 물류창고는 연면적 기준에 따라 구분된다. 구체적으로 소형 물류창고는 1만 평 미만, 중형 물류창고는 1~3만 평, 대형 물류창고는 3~5만 평, 초대형 물류창고는 5만 평 이상으로 나뉜다.

물류창고 하위 시장별로는 수도권 권역을 중심으로 동남

권, 남부권, 중앙권, 서부권, 서북권, 기타권으로 분류된다. 동남권은 광주, 곤지암, 이천, 여주, 양지 덕평이고, 남부권은 안성, 평택, 화성이며, 중앙권은 군포, 안양, 수원, 동탄, 오산, 신갈이다. 서부권은 인천, 안산, 시흥이고 서북권은 김포, 부천, 고양, 파주로 세분화할 수 있다. 기타권은 이외의 경기도 및 서울특별지역이다. 물류창고를 하위 시장으로 나누는 것은 하위 시장별로 임대료 및 가격이 형성되기 때문이다.

다음으로 물류창고는 온도에 따라 상온 물류창고인지, 저온 물류창고인지, 혼합 물류창고인지로 구분된다. 상온은 일반적인 상온의 원재료, 완재품 등을 보관하는 창고를 의미하고, 저온은 냉장, 냉동 전용이며, 혼합은 상온을 비롯해 냉장과 냉동 모두 가능한 창고를 말한다. 특히 혼합 물류창고의 경우 상온과 저온 비율을 검토해야 한다. 물류업계에서 상온 물류창고의 화주의 범위는 다양하지만, 저온 물류창고의 화주는 많지 않기 때문이다. 따라서 저온 물류창고의 비율이 높을수록 금융기관의 대출을 받기가 어렵다.

마지막으로 물류창고의 가격을 형성하는 기준 면적은 건물의 임대 면적이다. 물류창고 연면적은 건축물의 지하층 및 지상층 면적을 모두 합한 것으로 임대 면적과는 차이가 난다. 임대 면적이란 실질적으로 수익을 창출할 수 있는 면적으로,

램프형 주차장, 전용률 낮음 출처: ksg

경사면 활용, 전용률 높음 출처: kun물류신문

일반적으로 주차 램프 시설 및 계단실 등 실제 임대료를 받을 수 없는 부분은 임대 면적에서 제외된다.

예를 들어 토지가 평지이면서 수직 증축형인 물류창고의 경우 주차 램프 시설이 차지하는 부분이 많아 건물의 임대 면적이 건축물의 연면적의 70% 수준이다. 반면 산악지형을 이용한 물류창고의 경우 자연스럽게 주차 공간을 확보할 수 있어서 건물의 임대 면적으로 전체 연면적의 80%까지 활용할 수 있다. 그러므로 물류창고 설계 시 물류 이동의 효율성을 고려하되, 임대 면적을 최대한 늘려야 한다.

올해는 그동안 공급 과잉이었던 저온 물류창고를 중심으로 한 시장전망이 어둡다. 하지만 물류창고는 설계부터 착공 및 준공까지 수년이 걸리는 사업이기 때문에 공급에 시차가 따른다. 그러므로 지금 어려운 시기를 잘 버티면 향후 공급 부족의 상황이 올 수도 있다. 그리고 이커머스 사업이 계속 발전하면서 신개념 최첨단 풀필먼트센터가 공급되어야 하므로, 앞으로 물류창고의 시장 상황이 어둡지만은 않다고 생각한다.

대표님들,
부가가치세 낮춰드립니다

부가가치세는 토지가 아닌 건물에 붙는 세금이다. 그렇다고 모든 건물에 부가가치세가 붙는 것은 아니고, 아파트 중 전용면적이 85㎡ 이하는 제외하고 85㎡를 초과하는 아파트와 상가, 오피스텔, 생활숙박시설 등에 붙는다. 그렇다면 상가와 오피스텔을 분양하는 시행사는 어떻게 하면 부가가치세를 낮출 수 있을까? 감정평가에 답이 있다.

「부가가치세법」상 부가가치세를 산정하는 방법은 크게 2가지다. 첫 번째는 기준시가를 기준으로 산정하는 방법이고, 두 번째는 감정평가를 통해 산정하는 것이다. 따라서 기준시가를 기준으로 산정한 부가가치세율보다 감정평가로 산정한 부가가치세율이 낮으면 감정평가를 통해 부가가치세를 낮출 수 있다. 부가가치세는 건물에 붙는 것이므로 부가가치세를 낮추기 위해서는 건물의 가격을 최대한 낮게 평가해야 한다. 하지만 건물의 가격을 낮게만 평가할 수는 없다. 국세청에서 발표하는 건물의 기준시가보다는 높아야 하고, 건물의 신축 공사 비용과 무관하게 평가할 수도 없다. 그러므로 건물의 부가가치세율을 낮추기 위해서는 건물의 절대적 가격을 낮출 게 아니라 상대적으로 토지의 가격을 최대한 높게 평가하는 것이다.

2019년 당시 한국부동산개발협회(KODA)에서 진행하는 제247기 부동산개발 전문인력 사전교육을 함께 들었던 시행사 대표님이 강원도 춘천에 생활숙박시설 및 상가를 분양할 계획이라며 갑자기 연락이 왔다. 부가가치세 절세를 위한 감정평가를 진행하기 전에 필요한 서류인 (1) 사업 개요 및 사업 수지 (2) 건물 도급 공사비 (3) 용도별 토지지분정리표 (4) 토지매매계약서를 요청했다. 또한 생활숙박시설 및 상가와 같이 둘 이상의 용도를 분양하는 경우에는 생활숙박시설에 귀속되는 토지 면적, 상가에 귀속되는 토지 면적을 각각 나누어 제시해달라고 상세히 설명했다. 생활숙박시설은 난방시설 등 부대시설을 갖추고 있어서 상가에 비해 건축공사비가 높게 형성되므로 부가가치세가 다소 높게 형성되는 것이 일반적이다. 따라서 부가가치세를 더 낮추기 위한 팁으로, 만약 상가와 생활숙박시설을 분양할 때 전체 건축공사비와 전체 토지가격을 기준으로 부가가치세를 산정한다면, 용도별로 산정했을 때보다 부가가치세가 낮아지는 효과가 있다.

결론적으로 부가가치세 절세를 위한 감정평가 용역은 이루어지지 못했다. 필자가 검토해본 결과, 기준시가를 기준으로 한 부가가치세율이나 감정평가를 통한 부가가치세율의 차이가 거의 없어서, 당시 필자가 직접 산정한 기준시가 기준의 부가가치세율을 토대로 사업을 진행하는 편이 좋겠다고 조언을 드리고, 기준시가를 기준으로 하는 부가가치세를 엑셀로 정리해서 드렸다. 수수료도 들이지 않고 신속하게 검토해준 것에 감사하다며 술 한잔 사기로 약속했는데, 다른 딜로 보답해주세요, 대표님.

4장

좋아요 구독
감정평가 상식

1

감정평가 금액을 잘 받는 노하우

감정평가업을 하면서 필자의 목표는 윈윈이다. 감정평가 의뢰인에게 감정평가를 받는 목적을 충분히 이해시키고, 그간의 경험과 지식을 바탕으로 감정평가 이론과 원칙에서 벗어나지 않는 한 최선을 다해 감정평가를 하고 있다. 부동산 관련 업무를 하는 사람은 사명감 있는 감정평가사를 만나면 성공할 수 있다고 생각한다.

필자도 감정평가사지만 '내가 소유한 부동산의 금액을 잘 받기 위해서는 어떻게 하면 좋을까? 내 부동산에 관한 어떤 자료를 제공하면 좀 더 긍정적인 시각으로 잘 평가해줄까? 어떤 감정평가사를 찾아가야 할까?' 하고 고민한다. 감정평가 금액을 잘 받는 노하우를 크게 4가지로 정리해보면 다음과 같다.

첫 번째는 적극적으로 자료를 제공해야 한다. 일단 감정평가를 잘 받기 위해서는 감정평가사가 부동산의 가격에 확신을 가질 수 있도록 부동산에 대한 확실한 자료를 제시한다. 매매 예정 부동산이라면 부동산 매매계약서, 월세가 나오는 상가라면 임대차계약서, 전세계약서, 건물을 신축하고 있으면 도급계약서 등이 필요하다.

실제로 부동산을 매매해본 경험이 있다면 매매 계약에는 기재할 수 없는 지주작업비 등의 추가적인 비용이 발생할 수 있다. 매매 금액과 별도로 지주작업비 등 매매 관련 추가 지출이 발생한 정황이 있다면 실질적으로 부동산을 매입하기 위해 든 총비용을 정리하는 것도 좋은 방법이다. 또한 건물의 경우 도급 공사비 외에 추가로 투입된 비용이 있다면 그에 대한 비용 정리를 꼼꼼히 해서 실제 건물 공사를 위해 쓰인 비용을 정리해서 주는 것도 감정평가 금액을 잘 받는 방법이다.

두 번째는 전문 분야의 감정평가사를 선택하는 것이다. 감정평가 업무는 목적별로, 유형별로 복잡하고 다양하며, 감정평가사들이 감정평가의 모든 분야에 능하기는 현실적으로 불가능하다. 대개 전문 분야가 있기 마련인데, 그동안의 업력과 전문 분야를 문의해보고 본인이 의뢰할 업무에 가장 적합한 감정평가사를 찾아야 한다.

감정평가 금액을 더 공격적으로 평가하려면 그 부동산의 가격 메커니즘을 잘 아는 사람이어야 한다. 일반적으로 공격적인 감정평가 금액은 당사자나 제3자의 가격 질의를 받곤 하는데, 질의에 답변할 수 있는 능력이 안 되는 감정평가사라면 공격적인 가격을 제시하지 못할 것이다.

최근에 필자는 자산운용사로부터 수전계약이 완료된 데이터센터 개발지에 대해 감정평가를 의뢰받아 감정평가서를 제출했다. 그랬더니 이해관계인인 대출기관에서 감정평가 금액이 주변 공장용지 거래 사례에 비해 가격이 다소 높은 수준이 아니냐는 질의를 받았다. 필자는 먼저 데이터센터 개발지에서 전기 용량 확보의 중요성을 언급하고, 데이터센터의 비교 대상은 주변 공장용지가 아니라 데이터센터 개발지이므로, 동일 수급권 지역 내의 데이터센터 개발지의 최근 거래 자료를 제공하여 답변서를 제출했다.

세 번째는 평가를 의뢰할 때 감정평가서 납품 기한을 충분히 주고 의뢰해야 한다는 것이다. 프로젝트 상황상 어쩔 수 없는 경우도 있지만, 일정 조정이 가능하다면 감정평가 업무를 진행하는 시간을 영업일 기준 최소 1주일 정도로 책정해야 한다. 시간에 쫓기다 보면 정작 중요한 부분을 놓칠 수도 있으므로, 보고서를 작성할 수 있는 절대적 시간을 확보해주는 것이 좋다.

마지막으로 감정평가사와 지속적인 신뢰 관계를 형성해야 한다. 필자가 감정평가를 할 때 특히 신경 쓰는 부분이다. 예를 들어 의뢰인이 목표하는 금액이 430억 원인데, 필자가 평가할 수 있는 금액은 350억 원이 최대라면 왜 그렇게 평가할 수 밖에 없는지 충분히 설명하고, 430억 원으로 평가했을 때 발생할 리스크를 충분히 설명한다. 특히 지금처럼 부동산이 하락할 때는 무턱대고 과거 평가전례를 참고하여 가격을 산정할 것이 아니라 위험 요소를 잘 설명해서 의뢰인이 난처한 상황에 빠지지 않도록 해야 한다. 이러한 소통을 통해 의뢰인과 감정평가사는 더 돈독한 신뢰 관계를 맺을 수 있다.

부동산 시장이 호황일 때는 그럭저럭인 부동산이라도 감정평가를 좀 더 잘할 수 있다. 부동산 개발사업에 따른 이윤이 부동산을 괜찮아 보이게 해주기 때문이다. 하지만 지금의 시장은 그러기가 어렵다. 그럼에도 불구하고 어려운 부동산 시장에서도 입지가 좋은 부동산이라면 더 잘 감정평가할 수 있는 노하우를 함께 고민하고 찾을 것이므로 언제든 문을 두드릴 필요가 있겠다.

2

감정평가 데이터를 관리하는 센스

일반인들은 부동산 가격이 궁금하면 부동산 관련 사이트 및 부동산 관련 어플에서 검색해보거나 공인중개사 사무실에 전화를 걸어 물어볼 것이다. 하지만 감정평가사들은 부동산 가격이 궁금하면 가장 먼저 한국감정평가사협회 '카파 허브 플러스(KAPA-HUB PLUS)'란 프로그램을 검색한다.

카파 허브 플러스는 한국감정평가사협회에서 관리·운영하는 프로그램으로 감정평가사 회원 전용 프로그램이다. 카카오 지도, 네이버 지도, 구글 위성지도 등 다양한 지도를 제공하고 있어서 평가 대상의 상세 위치, 광역 위치를 쉽게 확인할 수 있다. 그리고 표준지공시지가·평가전례·거래사례의 레이블을

색상별로 달리하여 지도에 표기할 수 있어서 인근 지역의 평가 정보를 빠짐없이 확인할 수 있다. 또한 토지의 지가 변동률, 집합건물의 시점 수정치도 검색할 수 있는 아주 편리한 프로그램이다.

이렇게 다양한 평가 정보 및 관련 서비스를 제공하는 카파 허브 플러스 프로그램의 평가전례 데이터는 전국에 있는 감정평가법인등이 작성한 감정평가서의 내용을 기반으로 한다. 감정평가법인등이 작성한 감정평가서를 한국감정평가사협회의 전산팀에 제출하면, 그들은 제출받은 감정평가서를 데이터화해서 카파 허브 플러스 프로그램에 등록한다.

부동산의 매매·담보를 위해 금융기관에서 돈을 빌리려고 은행에 담보 평가를 의뢰하거나 빌린 돈을 제때 갚지 못하여 법원에서 경매 평가를 의뢰하면 담보 평가서, 경매 평가서라는 데이터가 생성된다. 물론 감정평가법인등이 작성한 모든 감정평가서가 카파 허브 플러스에 전례로 등록되는 것은 아니지만, 현명한 부동산 소유자라면 내가 가진 부동산의 감정평가 데이터가 이 프로그램에 등록되어 있을 수 있으므로 부동산 거래를 하기 전에 미리 감정평가사를 통해 이 정보를 확인하는 것이 좋다.

예전에 필자가 경험한 일이다. A은행에서 담보 대출을 실행하는데 부동산의 적정 가치는 100억 원이었지만, 소유자가 원하는 대출 금액은 겨우 20억 원이었다. 담보로 잡은 부동산의 가치에 비해 대출 금액이 매우 낮은 상황이었다. 한편 감정평가 수수료는 감정평가 금액에 연동되어 있어서 당시 은행 측에서 감정평가 수수료를 절감하는 차원에서 부동산을 아주 보수적으로 감정평가해달라고 요청했다. 당시 부동산의 적정 가치는 100억 원으로 보였으나 결국 90억 원으로 평가했고, 이 금액이 담보 평가전례로 등록되었다.

그로부터 1년 후, 부동산 시장은 가격 상승 국면이라, 부동산의 적정 가치가 인근의 평균적인 지가 상승률을 반영할 때 100억 원에서 110억 원이 되었다. 마침 그 가격에 매수하려는 사람이 나타났다. 매수 예정자는 매수를 위해 최대한도로 대출을 받기 위해 B은행에 방문했다. 우연하게도 B은행은 필자에게 담보 감정평가를 의뢰했다. 필자는 매매 예정 금액인 110억 원의 감정평가서를 작성하고 심사를 받으려고 했다. 그러자 심사자는 전례가 90억 원인데, 1년이 지난 지금 110억 원은 다소 높은 금액이 아니냐는 의견을 들었다. 필자는 심사자에게 과거의 평가 과정을 충분히 설명했고, 우여곡절 끝에 최종적으로 110억 원으로 심사를 받아 담보 평가서가 나갈 수 있었다.

옛말에 빈대 잡으려다 초가삼간 태운다는 말이 있다. 감정평가 수수료를 몇십만 원 아끼는 것보다 감정평가 데이터를 관리하는 것이 중요하다. 따라서 부동산을 많이 소유하고 있는 개인이나 기업이 부동산을 제대로 관리하고 싶다면 똑똑한 감정평가사를 곁에 두고 눈에 보이지 않는 데이터까지 관리해야 한다.

3

감정평가사가 기업의 신용도를 높여드립니다

우리나라는 1958년부터 자산재평가제도를 시행하면서 기업이 소유한 자산을 현실에 적합하도록 재평가하여 적정한 감가상각을 가능하게 하고 기업자본의 정확성을 기함으로써 경영 합리화를 도모해왔다. 그러나 기업의 경영 합리화라는 명분 아래 기업의 자의적인 판단으로 재평가가 행해졌고, 급기야 고의적인 장부 조작으로까지 이어져 1998년 4월 10일 「자산재평가법」은 2000년 12월 31일부로 폐지되었다.

그러나 대안 없이 폐지하다 보니 기업의 실질 자산을 파악하기가 어렵고 회계 투명성이 저해되어 국제 회계 기준을 반영하기가 어려워지는 등 시대를 역행하는 문제가 발생했다.

그래서 2008년 말 외환위기로 환율이 급등하자, 외환차손으로 피해가 큰 기업의 외환차손 처리를 위해 자산 재평가가 다시금 허용되었다. 자산 재평가를 하면 평가 차익이 생겨 외환차손에 따른 손실을 상쇄할 수 있기 때문이다.

「자산재평가법」은 법인 또는 개인 기업에 소속된 자산을 현실에 적합하게 장부가액을 증액하는 것을 골자로 하는데, 동법 제7조에서 자산의 재평가액은 재평가일 현재의 시가에 의한다고 규정하고 있다. 여기서 말하는 시가는 「감정평가 및 감정평가사에 관한 법률」에 의한 감정평가법인의 감정평가서에 의한다.

자산 재평가의 가장 큰 장점은 기업이 보유한 부동산을 결산일 기준으로 공정가치를 정확하게 파악하여 재평가하면 그동안 낮았던 장부상의 자산가치가 상승하고 부채비율이 낮아지는 것이다. 그러면 기업의 재무 구조가 개선되고 기업의 경쟁력을 제고할 수 있다. 다만 유의할 점은 자산 재평가를 통해 부동산의 실체적 자산 가치가 증가하는 것이 아니라 장부상의 공정 가치가 높아져서 간접적이고 부수적 효과를 얻는다는 것이다.

기업은 재무 구조 개선은 물론 적대적 M&A에 대응하기 위해 자기자본을 확충해야 한다. 자기자본을 확충하는 방법으로 신주를 발행하여 주식으로 이익 배당을 함으로써 현금배당할 돈을 유보하기도 한다. 하지만 자산 재평가를 통해 기업 자산의 가치를 현실화하기만 해도 자산 가액을 늘려 재평가 차익을 자본으로 전입할 수 있다. 그러면 주주들의 반발 없이 자본을 증자하여 기업의 경영권을 저렴한 비용으로 방어할 수 있다.

또한 자산 재평가를 통한 재평가 차익이 있으면 사채 발행의 한도액도 늘어나므로 사채 발행을 통한 자금 조달이 원활해져서 기업 투자을 이끌어낼 수도 있다. 자산 재평가를 통해 감가상각을 현실화하면 양도소득을 낮추어 기업의 조세 부담을 경감시키기도 한다. 혹자는 재평가 이익이 늘어남에 따라 세금이 늘어날까 우려하기도 하는데, 재평가로 인한 증가분은 기업 당기 순이익에 영향을 주지 않으므로 세금이 증가하지 않는다.

마지막으로 자산 재평가를 통해 부채 비율이 감소하고 재평가 차익이 자본으로 전입되어 무상증자가 이뤄지면 기업의 재무 비율이 개선된다. 그러면 기존에 저금리로 이용하던 대출의 연장도 가능하고, 더 나아가 유리한 금리로 신규 대출을 받을 수도 있다. 따라서 금융 조달 비용이 감소하는 효과가 있다.

불경기일 때는 소유하고 있는 부동산의 정확한 공정가치를 파악할 필요가 있다. 어려운 상황일수록 비용을 줄이는 노력이 필요한데, 지금은 특히 자산 재평가를 통해 눈에 보이지 않는 반사이익을 누려야 한다.

감정평가사는 자산 재평가 업무를 할 때 다음과 같은 사항을 유의해야 한다. 원칙적으로 자산 재평가의 기준시점은 기업의 결산일이지만, 필요에 따라 의뢰인의 요청이 있는 경우 다른 날을 기준시점으로 할 수 있다.

그리고 자산 재평가의 평가 대상은 주로 토지다. 건물은 상각자산이지만 토지는 상각자산이 아니며, 우리나라의 토지 가격은 단군 이래 늘 상승했기 때문에 자산 재평가로 인한 실익이 건물보다는 토지가 높다.

간혹 구분건물을 소유한 기업에서 자산 재평가를 의뢰하는 경우가 있다. 이 경우 구분건물의 가격 형성 요인을 고려하여 공정가치를 산정한다. 여기서 센스 있는 감정평가사라면 구분건물을 평가할 때 담당자의 요청이 없어도 재평가 차익이 재무상태표상 토지와 건물 부문에 각각 반영될 수 있도록 토지 배분 금액과 건물 배분 금액을 따로 기재해준다.

기업에서 자산 재평가가 필요하고 먼저 대략적인 감정평가에 대한 조언이 필요하다면 ㈜중앙감정평가법인(02-598-9500)에 근무하는 필자에게 연락하면 신속 정확한 답변을 제공하고 둘도 없는 훌륭한 업무 파트너가 될 것이다.

4

표준지 공시지가는 시장가치를 얼마나 반영할까?

토지를 감정평가할 때는 표준지공시지가를 기준으로 한다. 하지만 정책상 표준지공시지가는 현실화되지 않아 감정평가사는 그 현실화율을 반영하기 위해 그 밖의 요인을 고려하여 가격을 산정한다. 따라서 그 밖의 요인의 비교 수치가 토지의 감정평가 금액에 가장 큰 영향을 미친다.

필자가 근무하는 ㈜중앙감정평가법인의 본사는 서울특별시 서초구 서초중앙로63에 소재한다. 2024년 3월 1일을 기준으로 본사가 위치한 토지에 대한 일반 시가를 감정한다고 하자. 토지의 가격을 산정하기 위해 표준지공시지가를 기준으로 시점 수정, 지역요인 비교, 개별 요인 비교, 기타 그 밖의 요인을 비교해야 한다.

시점 수정이란 시간 차이를 정상화하는 작업으로, 표준지 공시지가는 매년 1월 1일을 기준으로 하므로 3월 1일의 토지 가격을 알고 싶다면, 1월 1일부터 3월 1일까지 약 2개월 정도의 시점 수정이 필요하다. 이때 토지가 속한 서초구 지역 내의 일반상업지역의 지가변동률 수치를 적용한다. 일반적으로 강남 지역의 토지를 평가하는데 강북 지역을 비교하는 것은 난센스이므로 지역 요인이 완전히 다른 비교 표준지를 선정하지 않는다. 따라서 대부분 지역 요인 값은 1이다. 이론적으로는 부동산의 지역 요인, 즉 위치가 도로 조건과 같은 개별 요인보다 더 중요하다고 하지만, 현실적으로는 지역 요인보다는 개별 요인을 더 많이 고민한다.

개별 요인에는 크게 가로 조건, 접근 조건, 환경 조건, 획지 조건, 행정적 조건, 기타 조건 등이 있다. 가로 조건은 도로의 폭, 깊이 접면 너비 등이고, 접근 조건은 대중교통의 편의성, 인근 간선도로와의 거리, 주거 편의 시설과의 접근성 등이다. 환경 조건은 유동 인구의 수 등이고, 획지 조건은 토지의 형상, 크기, 모양 등이며, 행정적 조건은 현재 도시계획도로에 저촉되는지 유무 등이다.

마지막으로 기타 그 밖의 요인은 표준지공시지가와 그 지역의 평균적인 토지 가격을 비교 검토하여 결정한다. 앞서 말한 중앙감정평가법인의 토지 용도지역은 일반상업지역으로, '스마트 국토정보'에 따르면 2023년 개별공시지가는 ㎡ 기준으로 28,600,000원으로 평당 9,400만 원이다.

그렇다면 감정평가 금액은 공시지가의 대략 몇 배나 될까? 필자가 다니는 회사의 인근 지역은 일반상업지역 내 상업용지가 20미터 도로에 면했다면 평당 2억 원 내외의 시세가 형성되어 있으므로 회사의 적정 토지 가치는 평당 2억 원 정도이고, 공시지가의 약 2배가 된다. 하지만 모든 토지가 공시지가의 2배라고 생각하면 안 된다. 토지의 지역별, 위치별로 표준지공시지가의 현실화율이 다르기 때문에 이 배율은 일괄적으로 적용할 수 없다. 해마다 달라지지만 정부는 표준지공시지가의 현실화율을 계속 높이고 있고 부동산 가격은 하락하고 있어서, 감정평가 금액과 공시지가와의 격차는 조금씩 줄고 있다.

감정평가 이러쿵저러쿵

사업성 보고서는 무엇이며, 감정평가서는 어떤 점이 다른가?

일반적으로 감정평가 대상이 이행지, 후보지와 같은 변화의 과정에 있는 토지일 경우 현재 상태의 가격은 감정평가서를 통해 가격 정보를 획득한다. 한편 사업성 보고서는 토지를 활용한 부동산 사업이 시행되어 분양되었을 때 예상되는 분양 수입 및 예상 사업 비용 등을 분석하여 대상 사업의 사업성의 가부를 확인하는 것이다. 따라서 PF(Project Finance) 사업지의 경우 감정평가서와 사업성 보고서를 함께 요청하는 것이 일반적이다.

사업성 보고서를 작성할 때 필요한 준비 서류는 사업 수지, 사업계획서, 건축물 현황도면 등이다. 사업 수지는 개발사업에 필요한 돈의 흐름을 일목요연하게 정리한 표인데, 사업의 성패를 가늠할 수 있는 것이 사업 수지이므로 사업성 보고서를 쓸 때는 해당 사업의 사업 수지를 제대로 이해하고 분석하는 작업이 필수다.

사업 수지는 크게 분양 수입, 사업 비용, 사업 이익으로 나눌 수 있고, 분양 수입은 크게 아파트와 오피스텔과 같은 주거용 수입과 상가 수입으로 나눌 수 있다. 수입을 주거용 수입과 상가 수입으로 나누는 이유는 사업 수지를 분석할 때 아파트 등 주거용의 수입만으로 분양 사업 전체 비용을 감당할 수 있는지 체크하기 위해서다. 실질적으로 아파트 수입만으로 사업 비용을 다 감당할 수 있으면 사업성이 높다고 볼 수 있다.

그리고 분양수입을 분석할 때는 사업시행자가 잡아놓은 분양가가 적정한지 반드시 검토해야 한다. 아무래도 사업시행자는 사업을 진행하려는 욕구가 강하다 보니 긍정적인 관점에서 분양가를 책정한다. 그러므로 인근 지역의 유사한 비교 사례의 거래 가격, 분양 가격, 분양률 등을 종합적으로 비교해서 그 적정성을 검토해야 한다.

사업 비용은 크게 토지 관련 비용, 건축 관련 비용, 판매관리비, 일반비용(관리비, 용역비), 제세공과금, 금융 비용 등으로 나눌 수 있다. 토지 관련 비용에는 토지매입비, 취등록세, 지주작업비 등이 있다. 건축 관련 비용에는 도급 공사비, 설계감리비, 토목공사비 등이 있고, 판매관리비에는 시행사 운영비, 분양홍보비 등이 있고, 제세공과금으로는 농지전용금, 산지전용금, 학교용지부담금 등의 각종 부담금과 세금이 있다.

사업 비용을 분석할 때 가장 먼저 파악해야 할 점은 각 비용이 차지하는 비율이다. 특히 금융 비용이 얼마나 되는지 먼저 체크해야 한다. 요즘같이 금리가 높은 경우 채권자들이 요구하는 수익률은 연 10~15%인데, 과거 사업시행자가 시행 사업을 통해 얻는 수익률과 대동소이한 수준이다. 또한 건축 관련 비용도 가파르게 올랐기 때문에 현재의 건축공사비가 제대로 반영되었는지 확인해야 한다.

요즘 같은 시기에는 분양 수입과 사업 비용을 뺀 사업이익률이 10% 내외만 되어도 사업을 진행할 만하다. 하지만 요즘 부동산 PF 시장은 그 어느 때보다 살벌하다. 부동산 경기침체가 장기화될 것이라는 예측과 건설사들의 유동성 위험으로 사업 이익이 나오는 사업장이라도 소극적으로 검토하는 상황이다.

한편 이러한 특성을 가진 사업성 보고서와 감정평가서는 수수료 산정 체계가 다르다. 감정평가서는 한국감정평가사협회가 제공하는 수수료 요율표에 의해 산정되지만, 사업성 보고서는 의뢰인과 상호 협의하여 결정한다. 또한 감정평가서에는 부동산의 평가 금액이 정확한 금액으로 표기되지만, 사업성 보고서에서는 하한가 및 상한가의 일정 범위로 표기하되 그 차이를 10% 이상으로 두도록 규정하고 있다.

마무리하며

"지혜로운 사람은 필요한 모든 것이 자기 안에 있음을 알고 자신을 변화시키려고 한다. 그래서 누구에게 화낼 일이 없다. 반면 어리석은 사람은 남들이 자신에게 친절하기를 기대하고 그렇지 않으면 화를 낸다. 바람결에 던진 먼지가 자신에게 돌아오듯 불행은 불행을 저지른 이에게 돌아온다."(톨스토이)

누구나 재능과 능력이 다르다. 하지만 세상은 누구에게나 24시간을 준다. 24시간을 어떤 마음가짐으로 보내느냐에 따라 인생이 충분히 달라질 수 있는 것이다.

필자는 지혜로운 사람이 되기로 결심했다. 그래서 누구에게나 주어진 공평한 시간을 헛되이 쓰지 않기 위해 변화하기로 결심했고, 그 변화의 첫 번째 단계로 이 책을 쓰기 시작했다.

이 책을 시작할 수 있도록 용기를 준 백승혜 대표님께 감사하다는 말씀을 전하고 싶다. 늘 머릿속으로만 미루고 있었던 책 쓰는 일을 실천하게 되었기 때문이다. 또한 늘 곁에서 힘이 되어준 사랑하는 남편과 세상에서 제일 귀한 보물인 예쁜 아들 염준, 염원에게도 사랑한다고 전하고 싶다. 그리고 부모님

께도 감사드리고, 늘 며느리를 위해 최고의 음식을 해주시는 어머님께도 진심으로 감사하다는 말씀을 전하고 싶다.

2005년 16회 감정평가사 시험에 합격하고 지금까지 20년 동안 뒤를 돌아볼 틈도 없이 여성으로서, 두 아들의 엄마로서 업계에서 살아남기 위해 치열하게 경쟁했다. 또한 회사 매출을 위해 비즈니스를 끊임없이 확장해왔으며, 다른 사람에게 더 인정받는 필자의 모습을 인생의 가장 중요한 가치라고 여겨왔다. 그러다 보니 가족, 건강, 공부는 늘 우선순위에서 밀렸다.

하지만 올해부터 필자가 인생에서 중요하다고 생각하는 가치는 남들에게 보이는 모습이 아닌 내 본연의 모습을 내가 더 사랑하는 것이다. 또한 경쟁을 넘어서서 시장을 지배할 수 있는 능력을 키우는 것이다. 독서와 운동을 꾸준히 하면서 가족, 직장, 사회에서 만나는 사람과 상생 관계로 진실하게 소통하면서 성장하고 싶다.

나는 후회하는 어리석은 사람이 아니라 지혜로운 사람으로 살기 시작했다. Own my beauty.

권자영